Todos los libros de Linkgua Ediciones cuentan con modelos de Inteligencia Artificial entrenados por hispanistas. Pregúntale al chat de tu libro lo que desees acerca de la obra o su autor/a.

Para ebooks: Accede a nuestro modelo de IA a través de un enlace.

Para libros impresos: Escanea el código QR de la portada con tu dispositivo móvil.

Obtén análisis detallados de nuestros libros, resúmenes, respuestas a tus preguntas y accede a nuestras ediciones críticas generativas para una experiencia de lectura más enriquecedora.
La transparencia y el respeto hacia la autoría de las fuentes utilizadas son distintivos básicos de nuestro proyecto. Por ello, las respuestas ofrecen, mediante un sistema de citas, las fuentes con las que han sido elaboradas.

José Joaquín Olmedo

Poemas

Barcelona 2025
Linkgua-ediciones.com

Créditos

Título original: Poemas.

© 2025, Red ediciones S.L.

e-mail: info@linkgua.com

Diseño cubierta: Michel Mallard.

ISBN ebook: 978-84-9953-380-3.
ISBN rústica ilustrada: 978-84-9953-381-0.
ISBN tapa dura: 978-84-1076-592-4.

Cualquier forma de reproducción, distribución, comunicación pública o transformación de esta obra solo puede ser realizada con la autorización de sus titulares, salvo excepción prevista por la ley. Diríjase a CEDRO (Centro Español de Derechos Reprográficos, www.cedro.org.) si necesita fotocopiar, escanear o hacer copias digitales de algún fragmento de esta obra.

Sumario

Créditos	4
Brevísima presentación	9
La vida	9
La obra	10
Epitalamio	11
Ven Himeneo, ven Himeneo	13
A una amiga	19
A un amigo	21
Décimas	25
A mi Magdalenita	27
Mi retrato	29
Al retrato de un Cupido dado por Nise	37
A Nise, dándose a la vela	39
En la muerte	43
Himno a Diana	51
Dedicatoria	55

La palomita	57
El árbol	61
Parodia épica	69
A un amigo	71
Décimas	75
A mi Magdalenita	77
Mi retrato	79
Al retrato de un Cupido dado por Nise	87
A Nise, dándose a la vela	89
En la muerte	93
Himno a Diana	101
Dedicatoria	105
La palomita	107
El árbol	111
Parodia épica	119
A un amigo	121

Canción	127
Canción al 9 de octubre	129
Ensayo sobre el hombre	131
Epístola primera	133
Epístola segunda	151
Epístola tercera	169
A su esposa	187
Al general Flores	193
Un sueño	205
Oración de la infancia	207
Himno para la noche	209
Himno al nueve de octubre	211
En la muerte de mi hermana	213
A Eliza	215
Canción	217
A las tres gracias	219

En el álbum de la señorita Grimanesa Althaus 221

Al general Lamar 223

Brevísima presentación

La vida
José Joaquín de Olmedo (1780-1847)

José Joaquín de Olmedo fue un destacado poeta, político y abogado ecuatoriano, figura clave tanto en la independencia de su patria como en la construcción del espíritu nacional latinoamericano. Nacido en Guayaquil el 19 de marzo de 1780, se formó en Quito y Lima, donde se graduó en Derecho en la Universidad de San Marcos. A lo largo de su vida, alternó el ejercicio de la política con la creación literaria, dejando un legado que trasciende generaciones.

Como político, Olmedo lideró la independencia de Guayaquil en 1820, convirtiéndose en el primer gobernante legítimo de la región. Su postura autónoma frente a los intereses de Simón Bolívar y José de San Martín mostró su compromiso con una visión independiente para su patria. Participó en las Cortes de Cádiz y fue una figura clave en la diplomacia y gobernanza del naciente Ecuador.

En el ámbito literario, es reconocido principalmente por su obra *La victoria de Junín. Canto a Bolívar* (1825), un poema épico que exalta la figura del Libertador y las gestas emancipadoras de América Latina. Su capacidad para idealizar y simbolizar los ideales independentistas lo convirtieron en un ícono cultural. Olmedo también exploró la poesía lírica, traduciendo autores clásicos y componiendo obras que reflejan sus inquietudes personales y políticas.

José Joaquín de Olmedo falleció en Guayaquil el 19 de febrero de 1847. Su legado literario y político lo consagra como una de las figuras más relevantes en la historia y cultura de América Latina.

La obra

Olmedo, una de las figuras más relevantes del romanticismo latinoamericano, se presenta en esta antología como un maestro en capturar los sentimientos humanos y las aspiraciones de libertad. Su obra es una mezcla de arte y compromiso político, en la que se pueden identificar tanto la influencia de los clásicos grecorromanos como la emoción de las luchas por la independencia.

Entre sus poemas más destacados, el *Epitalamio* y el *Himno a Diana* ofrecen un enfoque lírico que explora la naturaleza, el amor y la devoción; mientras que textos como *En la muerte de mi hermana* o *Mi retrato* reflejan una profundidad emocional que revela al hombre detrás del político. En ellos, la universalidad del dolor, la nostalgia y la autoexploración se mezclan con una introspección crítica hacia el rol del individuo en la historia y la sociedad.

La poesía de Olmedo destaca por su capacidad para unir lo personal con lo colectivo, creando una obra que dialoga con su tiempo y a la vez trasciende generaciones. Este volumen, editado cuidadosamente, no solo preserva su legado literario, sino que lo contextualiza dentro del marco de las luchas independentistas y el surgimiento de identidades nacionales en el continente americano.

Olmedo nos recuerda, con su arte, el poder de la palabra como motor de cambio y reflejo de la condición humana.

Epitalamio

que cantó en las bodas del señor conde del Villar de Fuente con la señora Pando, José Joaquín de Olmedo. Museo, Año de 1802

Ven Himeneo, ven Himeneo

   Un feliz joven
ya dobla el cuello
al dulce yugo
de un amor tierno;   5
ya en sus altares
 quema el incienso,
 y ardientemente
clamar le veo:
Ven Himeneo, ven Himeneo.   10

   Todos se rinden
hoy a tu imperio,
 y alegres viven
con ser tus siervos.
Sin ti los prados   15
quedaran secos,
ni correrían
 los arroyuelos,
ni regalaran
al fácil viento   20
las tiernas aves
con su gorjeo:
Ven Himeneo, ven Himeneo.
   La virgen tierna,
fijos al suelo   25
tiene los ojos,
los ojos bellos;
teme y desea,
mas bajo el velo
de la modestia,   30

  tiene encubierto
  el fuego dulce
  de su deseo.
Ven Himeneo, ven Himeneo.

  De Amores, Gracias,   35
  y de tus Genios,
  rodeado baja
  del alto cielo;
   ven, dios amable,
  hijo de Venus,   40
  da a los amantes
  tu dulce beso;
   sin ti, amor fuera
  criminal fuego,
  ni hubiera casto   45
   puro recreo.
Ven Himeneo, ven Himeneo.

Así cantaba lleno de alegría
  un coro de pastores;
y un coro de pastoras respondía: 50
  En un hermoso prado,
  donde la rica Flora
sus primores y galas atesora,
un bello altar yo miro consagrado
  al dios de los amores   55
y al venturoso y plácido Himeneo.

  El altar coronado
  aparece de flores;
y las Ninfas y Gracias hechiceras,
  de las más olorosas,   60

      dos guirnaldas hermosas
      componen placenteras.
        ¡Mil veces venturosas
      las sienes delicadas
a las cuales un premio tan sagrado   65
el cielo en su bondad ha destinado!

      Luego la compañía
      ya el santo altar rodea,
ya por el verde prado se pasea.
      Los pastores decían: 70
Ven Himeneo, ven; ven Himeneo,
y las tiernas pastoras repetían:
Ven Himeneo, ven; ven Himeneo,
        ¡Qué dulce alternativa!,
        ¡qué bella perspectiva!,   75
¡qué tocante espectáculo, formado
al placer de los ojos y del alma!

      Ya las voces sonoras
      se esparcen, se dilatan
en las alas del viento voladoras.   80
      Al plácido ruido
      de esta voz delicada,
parece recibir vida y sentido
aun la naturaleza inanimada,
pues a su voz los montes repetían: 85
Ven Himeneo, ven; ven Himeneo,

Fácil el dios desciende rodeado
      de sus Genios parciales,
que anuncian a lo lejos su venida;
      con su tea encendida   90

vienen mil cupiditos retozando
   y festivos cantando
dulces himnos, canciones celestiales.
Llegaron al altar, y los zagales
   con ardiente porfía				95
se alegran, como nunca se alegraron;
así cual suele siempre bulliciosa
la república libre de las aves
esforzar más los cánticos süaves
   cuando aparece el día,				100
y el fiel esposo de la tierna aurora
con su llama benigna y apacible
las altas cumbres de los montes dora.

Toma el dios las guirnaldas en la mano.
   Todos, todos callaron,				105
   y esperaban ansiosos
que llegasen los jóvenes dichosos.
Llegan, y la decente compostura,
   los pasos majestuosos,
   la modesta hermosura				110
   y ese ánimo tranquilo,
sin embargo de que arde y de que anhela,
están diciendo, sin querer decirlo:
Éste Gonzales es, ésta es Manuela.

   La plácida alegría				115
se deja ver del dios en la ancha frente;
   y a la joven esposa
   la corona de rosa,
y otra corona igual pone al esposo.
   Aquí es más fervoroso				120
el cántico del coro enardecido,

que en dos alas hermosas dividido,
con plácidos transportes de alegría,
    el dulce y grato nombre
de Manuela y Gonzales repetía.   125
La sonrosada virgen inocente
    aparece vestida
de un ropaje talar, cuya blancura
    la fe sincera y pura
del tierno corazón está indicando,   130
    y entre el amor, el gozo
    y el pudor vacilando,
ya se acerca al altar como temblando.
Se le anuda la voz, cuando procura
pronunciar el solemne juramento;   135
solamente su amor en ese instante
lo descubre su seno palpitante;
su seno, pues sus ojos hechiceros,
    cual lánguidos luceros
inmóviles se fijan en la tierra.   140

    Luego el esposo amante
    mira a la esposa amada
con ternura indecible... ¡oh, qué mirada!
    y un largo y mudo abrazo
    es el sagrado lazo   145
    con que estrecha Himeneo
tan sensibles, tan tiernos corazones,
    enlazada felice,
y alma Fecundidad la unión bendice.

A una amiga

Arroyo cristalino,
que con susurro blando
vas del monte a la selva
y de la selva al prado;

travieso cefirillo,
que con tu aliento grato
mueves hojas y flores
que son gala del campo;

parleras avecillas,
que en trinos regalados,
cuando el sol nace o muere,
llenáis el aire vago;

y cuando vive y crece
en este suelo bajo,
y cuanto se remonta
hasta el cielo estrellado;

todo cuanto florece
en los valles y prados,
y aun las bestias feroces
que son del monte espanto;

todos conmigo unidos
en coros acordados,
celebremos el día
de la que hace mi encanto.

A un amigo

¿Por qué ha dado tu lira
tan áspero sonido,
tu lira que cantaba
de Filis el favor y los hechizos?

¿Acaso murió Filis, 5
su amor era fingido,
o el almo desengaño
bajó del cielo a darte sus avisos?

¿Tu juventud se huyera,
las canas te han salido, 10
o ya la triste ruga
en tu frente tortuosos surcos hizo?

¡Ay no!... pues la edad pasa
más presta que un navío
con viento favorable, 15
más que el dardo del arco desprendido.

¿Qué a la vejez te espera
de tedios y suspiros,
insensible a la fuerza
ya de los ojos negros y del vino? 20

En lugar de las rosas
de que antes te has ceñido,
verás la sien cercada
de lirio melancólico y marchito.

Todo se irá, dejando 25

mil recuerdos sombríos;
la ocasión, pues, no dejes,
sorprende la ocasión, ¡qué haces, amigo!

El tiempo te convida
a navegar: propicio 30
está el viento, y el cielo
sereno está, y el vasto mar tranquilo.

Navega, pues, que en breve
todo será peligros,
se deshará la nave 35
y se alzarán violentos torbellinos;

o en enfadosa calma,
si no tienes peligros,
no verás los jardines
hechiceros de Pafos y de Gnido. 40

Vuelva a dar, pues, tu lira
delicado sonido,
e inflámense con ellos
las tímidas doncellas y los niños.

Mira que presto vuelan 45
placeres fugitivos,
tiende, tiende las redes,
ninguno escape el lazo ya tendido.

Si no tienes objetos
del dulce verso dignos, 50
ven a este fértil pueblo,
hallarás mil Elenas y Calipsos;

o bien todas las Gracias,
los Amores unidos
en los ojos de Nise,　　　　　　　　　　55
de mi amor, de mi bien, del dueño mío.

Los verás, y pasmado
los amarás conmigo,
cantarás cual solías
en tiempo más feliz, de amor herido.　　　60

Sí, cantarás sus ojos,
causa de mis delirios,
negros, grandes, rasgados,
de enroscadas pestañas defendidos.

Sus ojos celestiales,　　　　　　　　　65
ya lánguidos, ya vivos,
ya fijos, ya vagantes
y en su modestia misma tan lascivos.[1]

---

1 En el borrador de esta pieza inconclusa está apuntada en prosa la idea del final: «No permita el cielo que llegue un tiempo en que pueda mirar tus bellos ojos, y no sentirme luego conmovido, y si ha de venir este tiempo, déjame mirarlos y saciarme de mirarlos y conmoverme». (Archivo de la familia Pino Icaza)

Décimas

Para templar el calor
de la estación y la edad,
me abandonas sin piedad,
mi hechizo, mi único amor.
Te engañas, porque el ardor
de un alma fina y constante,
si está de su bien distante,
crece en el agua, en la nieve,
y sólo templarse debe
en el seno de un amante.

Ven, pues, dulce amiga, luego,
que tú eres la sola fuente
que puede mi sed ardiente
saciar, y templar mi fuego.
En vano buscaré ciego
más gracia, más perfección,
otro afecto, otra pasión,
porque tus ojos divinos
solos saben los caminos
que van a mi corazón.

A mi Magdalenita

Mi juguetona Musa,
aunque con torpe lira,
por esta vez pretende
consagrarte su voz, Magdalenita.

No examines si es dulce,
si es bella mi poesía,
atiende solamente
al afecto sincero que la dicta.

Pero en este momento
la memoria se aviva
de que estás tanto tiempo
del hermano que te ama, dividida.

Y este triste recuerdo
todo placer me quita,
y funestas ideas
sólo ofrece a mi triste fantasía.

Tinieblas me parece
la amable luz del día,
y me son hasta odiosas
las cosas que los otros ven y admiran.

Pero importa muy poco,
amable hermana mía,
que estemos separados,
estando nuestras almas tan unidas.

Ellas siempre atraviesan

la distancia infinita
que nos separa; se unen,
dulcemente conversan y se miran.

Se prestan mutuamente
las promesas más finas; 30
y un genio, un modo mismo
de pensar y de obrar, la unión confirma.

Alguna vez las dudas
perturban nuestra dicha,
pero a pocos instantes 35
como ligeras nubes se disipan.

¡Felices los que así aman!
Así Magdalenita
será con José, siempre
del amor fraternal imagen viva. 40

Mi corazón es tuyo,
mis afectos, mi vida;
pero todo esto es menos
de lo que tú mereces todavía.

Mis tiernas expresiones 45
reparte en la familia,
adiós. Tu amante hermano.
Octubre veintisés, escrita en Lima.

Mi retrato

A mi hermana Magdalena

¡Qué dignos son de risa
esos hombres soberbios,
que piensan perpetuarse
pintándose en los lienzos!
De blasones ilustres   5
sus cuadros están llenos,
de insignias y de libros
y pomposos letreros.
De este modo ellos piensan
que sus retratos viejos   10
serán un gran tesoro
a sus hijos y nietos,
y que todos los hombres
del siglo venidero
su arrugada figura   15
mirarán con respeto.
¡Oh, cómo se disipan
esas torres de viento!
Tú alguna vez me viste
reírme de mi abuelo   20
con su blonda peluca
y sus narices menos.

Si los hombres se olvidan
aun de los hombres muertos,
¿qué no harán, hermanita,   25
qué no harán con los lienzos?
En rincones oscuros,
de vil polvo cubiertos,

aun los hombres más grandes
duermen un sueño eterno.　　　　　　　30
Permíteme que piense
de un modo muy diverso:
otros, enhorabuena,
quieran hacerse eternos
por sus grandes hazañas,　　　　　　　35
por sus grandes talentos;
pero yo ¡vida mía!
más mérito no tengo
que ser hermano tuyo,
pues lo demás es menos　　　　　　　40
Y como el hombre sabio,
filósofo y modesto
con la vida presente
sólo vive contento,
deja que en cuanto pueda　　　　　　　45
imite estos ejemplos,
pues el sabio en sus obras
nos deja su diseño.

Así no me interesa
que tuviesen Homero,　　　　　　　　50
Virgilio, Horacio, Ovidio,
buen rostro o rostro feo:
instrúyanme sus obras,
deléitenme sus versos;
lo demás, ¡amor mío!　　　　　　　　55
no merece un deseo.

Deja que quieto viva
en el presente tiempo,
pues el tiempo futuro,

ya no estaré muy lejos, 60
insensible al aplauso,
insensible al concepto
que de mí formar quieran
los sabios y los necios.

Gózate que no tenga 65
esos vanos deseos;
deja que sin desquite
en mis alegres versos,
muy ufano me ría
de esos hombres soberbios 70
que piensan perpetuarse
pintándose en los lienzos.

¡Cuán duro es retratarse,
y más cuando uno es feo!,
por ti hago el sacrificio. 75
Lo mandas; te obedezco.
El pintor soy yo mismo;
venga, venga un espejo
que fielmente me diga
mis gracias y defectos. 80
Ya está aquí: no tan malo;
yo me juzgué más feo,
y que al verme soltara
los pinceles de miedo.
Pues ya no desconfío 85
de darte algún contento,
y más cuando me quieres,
y yo me lo merezco.
Imagínate, hermana,
un joven, cuyo cuerpo 90

tiene de alto dos varas,
si les quitas un dedo.
Mi cabello no es rubio,
pero tampoco es negro,
ni como cerda liso, 95
ni como pasa crespo.
La frente es espaciosa,
como hombre de provecho;
ni estirada, arrugada,
ni adusta mucho menos. 100

Las cejas bien pobladas
y algo oscuro su pelo,
y debajo unos ojos
que es lo mejor que tengo:
ni muy grandes, ni chicos, 105
ni azules, ni muy negros,
ni alegres, ni dormidos,
ni vivos, ni muy muertos.
Son grandes las narices,
y a mucho honor lo tengo, 110
pues narigones siempre
los hombres grandes fueron:
el célebre Virgilio,
el inmortal Homero,
el amoroso Ovidio, 115
mi amigo y mi maestro.
La boca no es pequeña,
ni muy grande en extremo;
el labio no es delgado,
ni pálido, o de fuego. 120
Los dientes son muy blancos,
cabales y parejos,

y de todo me río
para que puedan verlos.
La barba es algo aguda, 125
pero con poco pelo:
me alegro, que eso menos
tendré de caballero.

Sobre todo, el conjunto
algo tosco lo creo: 130
el color no es muy blanco,
pero tampoco es prieto.
Menudas, pero muchas
cacarañitas tengo,
pues que nunca faltaron 135
sus estrellas al cielo.
Mas por todo mi rostro
vaga un aire modesto,
cual transparente velo
que encubre mis defectos. 140

Hermana, ésta es mi cara:
¿qué tal?, ¿te ha dado miedo?
Pues aguarda, que paso
a pintarte mi cuerpo.
No es largo, ni encogido, 145
ni gordo mi pescuezo:
tengo algo anchos los hombros
y no muy alto el pecho.
Yo no soy corcobado
mas tampoco muy tieso; 150
aire de petimetre
ni tengo ni lo quiero.
La pierna no es delgada,

el muslo no es muy grueso,
y el pie que Dios me ha dado   155
no es grande ni pequeño.
El vestido que gasto
debe siempre ser negro,
que, ausente de ti, sólo,
de luto vestir debo.   160
Una banda celeste
me cruza por el pecho,
que suele ser insignia
de honor en mi colegio.
Ya miras cómo en todo   165
disto de los extremos;
pues lo mismo, lo mismo
es el alma que tengo.
En vicios, en virtudes,
pasiones y talentos,   170
en todo ¡vida mía!
en todo guardo un medio:
sólo, sólo en amarte
me voy hasta el extremo.
Mi trato y mis modales   175
van a par con mi genio:
blandos, dulces, sin arte
lo mismo que mis versos.
Este es, pues, mi retrato,
el cual queda perfecto,   180

si una corona en torno
de su frente ponemos,
de rosas enlazadas
al mirto y laurel tierno,
que el Amor y las Musas   185

alegres me ciñeron.
Y siéntame a la orilla
de un plácido arroyuelo,
a la sombra de un árbol,
floridos campos viendo; 190
y en un rincón del cuadro
tirados en el suelo,
el sombrero, la banda,
las borlas y el capelo.
Me pondrán en el hombro 195
con mil lascivos juegos
la amorosa paloma
que me ha ofrecido Venus.
Junto a mí, pocos libros,
muy pocos, pero buenos: 200
Virgilio, Horacio, Ovidio;
a Plutarco, al de Teyo,
a Richardson, a Pope,
y a ti ¡oh Valdés!, ¡oh tierno
amigo de las Musas, 205
mi amor y mi embeleso!
Y al pie de mi retrato,
pondrán este letrero:
«Amó cuanto era amable,
amó cuanto era bello». 210

¡Oh, retrato dichoso!,
vas donde yo no puedo:
tu suerte venturosa
¡con cuánta envidia veo!
Anímate a la vista 215
de aquella que más quiero,
y dile mis ternuras,

y dile mis deseos.

Dale mil y mil veces
pruebas de mi amor tierno, 220
y dale mil abrazos,
y en la mejilla un beso.

Lima, 1803.

Al retrato de un Cupido dado por Nise

¿Dónde corres, Cupido,
a la luz de tus fuegos,
seguido de tu madre
tan alegre y contento?
Para más bien, y llora: 5
no todos son tus siervos;
la joven que yo adoro
se resiste a tu imperio.

Deja ya ese arco flojo
por el uso y el tiempo, 10
ni tu dorada aljaba
penda de tu hombro bello,
y apaga de tu tea
el ya lánguido fuego,
que la joven que adoro 15
se resiste a tu imperio.

Antes bien busca flechas
y un arco más certero,
y o súmete en la tierra,
o levántate al cielo, 20
para encender tu antorcha
de más activo fuego,
pues la joven que adoro
se resiste a tu imperio.

A Nise, dándose a la vela

Ay, que de tu nave
ya se hinchan los linos
al soplo del viento
y de mis suspiros.
Bella fugitiva, 5
mi hechizo, mi amor.
    Piensa en mi tormento
    al decirte adiós.

El fuego secreto
que en el pecho mío 10
hace un año que arde
sin ser conocido,
hoy nada respeta,
hoy ya es un delirio
y un ciego furor... 15
    Piensa en mi tormento
    al decirte adiós.

Cual tímida virgen
que, cuando la miran,
toda ruborosa 20
tiembla y se retira,
y piensa que es crimen
aun alzar la vista,
tal era mi amor.-
    Piensa en mi tormento 25
    al decirte adiós;

Hoy es un guerrero
que a todo se atreve,

y que entre las llamas
y la cierta muerte, 30
intrépido, osado,
el muro rebelde
pisa triunfador.
    Piensa en mi tormento
    al decirte adiós. 35

Cual débil arroyo
de agua cristalina
que en murmurio blando
corre y se desliza,
y a cualquier tropiezo 40
cortés se desvía,
tal era mi amor.-
    Piensa en mi tormento
    al decirte adiós;

Hoy es un torrente 45
que, con furia extraña,
de escarpado monte
despeñado baja,
y a los hondos valles
loco se arrebata 50
con grande fragor.
    Piensa en mi tormento
    al decirte adiós.

Cual sólo te atreves,
céfiro suave, 55
a mecer las flores,
y, oculto en su cáliz,
apenas respiras

su aroma fragante,
tal era mi amor.- 60
    Piensa en mi tormento
    al decirte adiós;

Hoy es un terrible
huracán violento,
que arrasa los campos, 65
amenaza al cielo,
las nubes inflama,
y en el mar tremendo
ceba su furor.
    Piensa en mi tormento 70
    al decirte adiós.

En la muerte

de doña María de Borbón, princesa de Asturias

Señor, Señor, el pueblo que te adora,
bajo el peso oprimido
de tu cólera santa, gime y llora.
Ya no hay más resistir: la débil caña
que fácil va y se mece 5
cuando sus alas bate el manso viento,
se sacude, se quiebra, desparece
al recio soplo de huracán violento.
Así tu ira, Señor, bajo las formas
de asoladora peste y hambre y guerra, 10
se derramó por la infeliz España,
y aquella que llenó toda la tierra
con hazañas tan dignas de memoria,
en sus débiles hombros ya ni puede
sostener el cadáver de su gloria; 15
y la que, un tiempo, Reina se decía
de uno y otro hemisferio,
y vio besar su planta, y pedir leyes
a los pueblos humildes y a los reyes,
llora cual una esclava en cautiverio. 20

¿Y en medio a tantos males,
olvidas tus cuidados paternales,
olvidas tu piedad, y hasta nos robas
la más dulce esperanza
en la amable Princesa, 25
dechado de virtud y de belleza?...

¡Oh memorable día

aquel en que la grande Barcelona,
saltando el noble pecho de alegría,
y ufana y orgullosa 30
al verse de sus reyes visitada,
vio la mar espumosa
besar su alta muralla,
y deponer después sobre su playa,
ante el inmenso pueblo que esperaba, 35
el precioso tesoro
que la bella Parténope mandaba!²
Y entre las salvas y festivos vivas,
la augusta joven pisa ya la tierra,
que devota, algún día, 40
reina, señora y madre le diría.
Ni se sacian los ojos de mirarla,
y nadie puede verla sin amarla.
Llena de noble agrado, y apacible
y fácil y accesible, 45
siembra amor por doquier. Llega y conquista.
Todos los corazones son ya suyos...
Malograda Princesa,
no has muerto sin reinar. Un pueblo entero
libre te ha obedecido; 50
que quien ama obedece,
y sólo amor merece
lo que no puede el oro ni el acero.

¿Dó están las esperanzas, madre España,
las altas esperanzas que formaste, 55
cuando las bellas ramas
de un mismo excelso tronco entrelazaste?

---

2 La ciudad de Nápoles.

¿Dó los tiempos pimpollos
que el tálamo real brotar debiera,
por cuyas venas la gloriosa sangre   60
del domador de Nápoles corriera;
que de su gloria y nombres herederos,
y a la sombra del trono
del grande Carlos y la amable Luisa,
crecieran, se elevaran   65
y feliz perpetuaran

la sucesión de reyes piadosos,
benéficos y bravos y guerreros
y padres de la patria verdaderos?
¿Dó, España, fueron tus ardientes votos,   70
que ante el altar postrada,
la noble faz bañada
en lágrimas de gozo,
en día tan dichoso
al cielo religiosa dirigiste?   75
Señor, ensordeciste
a su clamor, y a su llorar cegaste,
y los ojos tornaste
llenos de indignación: tembló la tierra,
y los cielos temblaron;   80
todos los elementos cruda guerra[3]
entre sí concitaron;
rómpese el aire en rayos encendidos;
retumba en torno el trueno estrepitoso,
el viento enfurecido   85
silba, conturba el mar; y las escuadras

---

3 Alusión a la terrible tempestad que acabó de perder las escuadras en el combate de 21 de octubre de 1805.

en su arduo combatir van y se chocan,
ciegas se mezclan, se destrozan luego,
y al fondo de la mar de sangre y fuego,
como la piedra, bajan, desparecen. 90
Todos, todos perecen
confundidos, sin gloria y sin venganza;
y tu ira sólo triunfa. Después llamas
al ángel de la muerte, y le señalas
la digna primogénita de Iberia. 95
Él se alza, y reverente,
velada de temor su faz gloriosa
con las brillantes alas,
te oye y ciñe la espada reluciente,
del Egipto a los hijos ominosa, 100
de su sangre aún teñida,
y vuela a obedecerte...
Hiere, y cae la víctima inocente,
víctima de expiación de tus pecados,
España delincuente, 105
y herida cae de aquella misma espada,

con que una infiel nación fue castigada;
que al Todopoderoso
es altamente odioso,
quizá más que el infiel, su pueblo ingrato. 110

En tanto ya los males y dolores,
soldados indolentes, que militan
bajo el pendón sombrío de la muerte,
volteando en torno de la real cabeza
una tan cara vida amenazaron. 115
Sus ojos se anublaron,
sobre sus labios la sonrisa muere,
y se sienta la pálida tristeza

en los ojos, que fueron
el trono del amor y de las gracias; 120
y su pecho, en que ardía
la viva y casta llama de Fernando,
se fatiga, se oprime... Un mismo día
ha visto nuestra dicha
nacer, crecer, morir; y fue la noche 125
de tan alegre día
la noche de la tumba oscura y fría.

En vano ¡ay!, cuán en vano
agotó el arte humano
su saber, su poder... El alto cielo 130
su decreto de muerte dio... y el ángel
libertador de Isaac retardó el vuelo.

Cumana Profetisa[4]
que desde tu honda y misteriosa cueva,
de furor agitada, 135
y en éxtasis sublime enajenada,
oráculos terribles revelaste,
¿por qué no levantaste
de la tumba, do yaces tantos siglos,
la venerable frente, 140
y la sagrada lengua desatando,
por qué no presentaste
los imperios caídos,

y los cetros rompidos
sobre el sepulcro triste y pavoroso?, 145
y ¿por qué no turbaste
el gozo de tu Nápoles, (cantando

---

4 Cumas, patria de la sibila Cumea está en el territorio de Nápoles.

       el funeral destino que arrastraba
       a las playas ibéricas su hija),
       cuando fió a las olas   150
       la reina de las gentes españolas?
       Y el luto de tu patria o nunca fuera,
       o, ya previsto mal, menos le hiriera.
       Y tú que, ya cortados
       los lazos que te unían   155
       al trono y a la vida y a Fernando,
       y tu esfuerzo a los cielos contenían,
       te elevaste segura,
       cual llama hermosa y pura,
       del pábulo terrestre desprendida;   160
       ve la mísera España
       al extremo dolor abandonada
       el real manto rugado,
       la negra cabellera deslazada,
       y ceñida la frente   165
       de jacinto al ciprés entrelazado,
       gemir sobre tu losa. Y los gemidos
       su hija América oyendo también gime,
       y triste y desolada
       así suelta la voz apesarada: 170
       «¡Oh!, ¡qué improviso golpe
       mi herido corazón de nuevo hiere!...,
       vi el monstruo de la guerra
       ya en el antiguo mundo no cabiendo,
       nadar, romper los mares tormentosos;   175
       y a su terrible aspecto, a su bramido
       espavorida retemblar mi tierra;
       y vi la planta impura
       del ínfido Bretón y codicioso,
       en presencia del cielo,   180
       manchar mi casto y religioso suelo;

vi mis campos talados,
vi profanar mis templos, mis altares,
vi mis hijos morir... ¡hijos amados!,

por su patria, su rey, su Dios armados; 185
cuyas manos valientes
sólo al morir soltaron el acero
bañado en sangre y gloria, único alivio
de esta viuda infeliz... ¡Carlos!, mis hijos
murieron ¡ay!, no mueran sin venganza; 190
que si vencer los fuertes no pudieron,
lidiar al menos y morir supieron».

Suspende, amada patria, tus querellas.
Sígueme, que en las alas
del rayo impetuosas, 195
cual la reina del aire,
me lanzo a las mansiones venturosas.
Las puertas eternales de improviso
se abrieron... ¿Oyes el armonioso,
arrebatado canto 200
que en torno suena del cordero santo?,
¿y entre el sublime y resonante coro,
cuál se alza fervorosa
de Antonia la oración, y cuál ofrece
su juventud, su vida, su martirio, 205
por los males del pueblo que ama tanto?
Ve ya del trono santo
bajar entre inefables resplandores
la mirada de paz, y el rayo ardiente
caerse de la diestra omnipotente. 210

Y tú, alado ministro de venganza,
tú que segaste en flor nuestra esperanza,

ve a decir a los pueblos enemigos
que la ira celestial se ha serenado;
que ya el Señor nos llama sus amigos,   215
que él solo nuestra fuerza quebrantaba,
que hoy su poder conforta nuestro brazo.
Di que tiemblen, que somos invencibles,
y que el León ibero,
la su crespa melena   220
erizada, ya rota la cadena,
rugirá; y al rugido

huyendo el insular precipitado
por sus ingratas olas,
el gran tridente soltará usurpado   225
en las tendidas playas españolas.[5]

Lima, Mayo, 1807.

---

[5] Dos meses después de escrita esta composición, diez mil ingleses atacan a la ciudad de Buenos Aires, y son vencidos por sus moradores y obligados a capitular.

Himno a Diana

Dedicado al amable cazador, mi amigo J. R. O.

  Ven, hermosa Diana,
y da al cazador,
que tus leyes sigue,
tu gracia y favor.

Ven que tú en los campos   5
fuiste la primera
que agitó las fieras
y las tiernas aves,
que cantan süaves
cuando nace el sol.   10

Ven, hermosa Diana,
y da al cazador,
que te ama y te sigue,
tu ayuda y favor.

Al viento vagaba   15
tu libre cabello,
y del hombro bello
la aljaba pendía,
y el pie te lamía
el can corredor.   20

Ven, hermosa Diana,
y da al cazador,
que te ama y te sigue,
tu ayuda y favor.

Dame las saetas
de tu arco certero,
o haz que el plomo fiero
alcance y traspase
cuando al monte pase
el ciervo veloz.

Ven, hermosa Diana,
y da al cazador,
que te ama y te sigue,
tu ayuda y favor.

Si al zarzal huyere
la ágil gallareta,
con su rastro inquieta
al diestro sabueso,
y al tenaz latido,
del cieno escondido
salga desalada,
corra, vuela y caiga,
aunque alas le añada
su mismo temor.

Ven, hermosa Diana,
y da al cazador,
que te ama y te sigue,
tu ayuda y favor.

Dicen que se goza
sólo en la ciudad
de amor, de amistades
y dulce recreo,
mas yo en este empleo

la ciudad olvido,
su brillo, su ruido,
y olvido el amor.

Ven, hermosa Diana,
y da al cazador,
que te ama y te sigue,
tu ayuda y favor.

Que tú castigaste
al curioso Acteón,
que de amor movido
desnuda te vió.
Convertido en ciervo
al punto corrió,
y los tus sabuesos
con rabia feroz
parten a vengarte
de la injuria atroz.
El bosque llenaron
de agudo clamor;
lo siguen, lo acosan
con curso veloz,
parten sus entrañas
y su corazón.
Los necios y ciegos
sigan al Amor,
y sufran y penen,
que a Diana amo yo.

Ven, hermosa Diana,
y da al cazador,
que te ama y te sigue,

tu ayuda y favor.

Si tú dirigieres 85
mi tímida mano,
ningún tiro vano
saldrá del cañón;
y yo te prometo
con todo el respeto 90
de mi corazón
no cazar jamás
sin invocarte antes
con esta canción.

Ven, hermosa Diana, 95
y da al cazador,
que te ama y te sigue,
tu ayuda y favor.

Vamos, compañeros,
¿no veis los accesos 100
de nuestros sabuesos?,
vamos con ardor.
No temáis al frío,
no temáis al sol,
que ya volveremos 105
cargados, sudosos,
pero más gloriosos
que un conquistador.

Dedicatoria

a J. R. O.

  Y tú, mi dulce amigo,
que con la caza alegre
el afanoso estudio
alternas y entretienes,
sigue, sigue gozando   5
el placer de los reyes;
la diosa de los bosques
su gracia te promete.

Mas si en la selva umbrosa
dos palomitas vieres   10
acariciarse tiernas,
el tiro, cruel, suspende;
perdón a sus caricias,
y diles cuando vuelen:

«Si acaso sois de aquellas   15
que en Chipre tiran siempre
el carro de la madre
del amor y el deleite,
id allá desaladas,
palomas inocentes,   20
y en vuestro dulce arrullo
que Venus sola entiende,
decidle: Tu poeta
nos libró de la muerte».

La palomita

(Anacreóntica)

¿Dime de dónde vienes?,
dímelo por tu vida,
¿dónde vas?, ¿de quién eres,
amable palomita?

-El amoroso Olmedo   5
a su Nise me envía,
a la graciosa Nise,
su amor y su delicia.
Yo antes era de Venus,
y de las más queridas,   10
yo su carro tiraba
y en todo la servía.
Mas del calor huyendo
en un estivo día,
o por buscar la sombra,   15
que es del amor amiga,
con mi amante palomo,
blanco como yo misma,
en una selva umbrosa
entré, y me vi perdida.   20
Que un cazador amable
que allí por caso había
nos mira, y nos asesta
su cañón homicida.
Mas se contuvo luego,   25
no sé por qué, y con risa
como que algo recuerda
oí que me decía:

«Si acaso eres de aquellas
que allá en la Chipre tiran   30
el carro de la madre
de amorosas delicias,
vuela allá desalada,
cándida palomita,
y en tu arrullo que entiende   35
sólo Venus divina,
dile que su poeta
te libertó la vida».

Ajena ya del susto
volé alegre y festiva   40
a referirle a Venus
lo de la selva umbría.
En su caliente seno
me acoge y me decía:
«Ya estás en mi regazo   45
¿qué temes, cuitadilla?,
no más de susto tiemblen
tus cándidas alitas.
Pero yo premiar quiero
al que debes la vida.   50
Ve a mi tierno poeta,
dile que soy su amiga,
y ofrécele mi gracia
y protección divina».

De entonces dejé a Venus,   55
dejé a Chipre por Lima,
y vine a ser de Olmedo,
que es la ternura misma.

De entonces soy su esclava,
y le sirvo muy fina: 60
suya soy, y son suyas
estas letras que miras.
Libertad cuando torne
dijo que me daría:
mas yo sin él no quiero 65
ni libertad ni vida.
Con mi arrullo le aduermo,

mi pico le acaricia,
le cubro con mis alas
en las mañanas frías. 70
Comer quiero, y el grano
pico en su mano misma;
y si dormir, me arrulla
su blanda y dulce lira.

Pero... ingrato me engaña; 75
todo, todo es mentira,
sus melosas palabras,
sus besos y caricias.
Yo estoy, oh pasajero,
de los celos perdida, 80
pues mi amo sólo quiere
a una niña muy linda;
y aun conmigo estos versos
le manda a mi enemiga,
a la graciosa Nise, 85
su amor y su delicia.
Adiós, sé delicado
y calles, que la dicha
de amar y ser amado,

entre las almas finas, 90
crece con el misterio
mengua con la noticia.
Y adiós, que me detengo
más de lo que debía,
y temo que mi ingrato 95
al volver me reciba
sin ojos placenteros,
sin su amable sonrisa,
pues el que ama y espera
con lo menor se irrita. 100

El árbol

A la sombra de este árbol venerable
donde se quiebra y calma
la furia de los vientos formidable,
y cuya ancianidad inspira a mi alma
un respeto sagrado y misterioso, 5
cuyo tronco desnudo y escabroso
un buen asiento rústico me ofrece,
y que de hojosa majestad cubierto
es el único rey de este desierto,
que vastísimo en torno me rodea; 10
aquí mi alma desea
venir a meditar; de aquí mi musa,
desplegando sus alas vagarosas,
por el aire sutil tenderá el vuelo;
ya cual fugaz y bella mariposa, 15
por la selva florida,
libre, inquieta, perdida,
irá en pos de un clavel o de una rosa,
ya cual paloma blanca y lastimera
irá a Chipre a buscar su compañera, 20
ya cuál garza atrevida
traspasará los mares,
verá todos los reinos y lugares,
o cual águila audaz alzará el vuelo
hasta el remoto y estrellado cielo. 25

¿No ves cuán ricas tornan a sus playas
de las Indias las naves españolas
a pesar de los vientos y las olas?,
pues muy más rica tornarás, mi musa,
de imágenes, de grandes pensamientos, 30

y de cuantos tesoros de belleza
contiene en sí la gran naturaleza;
y de tu largo vuelo fatigada
vendrás a descansar, como a seguro
y deseado puerto,   35
a la sombra del árbol del desierto.

¡Necio de mí!, ¿qué he visto?,
¡cuántas veces mejor me hubiera estado
gozar en grata paz menos curioso
de este ocio dulce, fresco y regalado,   40
que ver el espectáculo horroroso
que la perjura Francia,
de su seno feraz en sediciones,
en escándalo ofrece a las naciones!
¿Dónde están esas leyes decantadas   45
por la justicia y la equidad dictadas?
¿Mas qué aprovechan leyes sin virtudes?,
¡ni cómo las virtudes celestiales,
don de Dios el más puro y más sagrado,
han de habitar el corazón malvado   50
de un pueblo sedicioso,
cuyo jefe ambicioso,
cualquier senda, aunque sea
toda de sangre y crímenes cubierta,
la cree justa, legítima, segura,   55
si oro, poder y cetro le procura!

Los pueblos sabios, libres y virtuosos
en el trono sentaron a las leyes,
y se postraban a sus pies los reyes.
Pero el tirano, no: sentose él mismo,   60
y las leyes sagradas

puso a sus pies sacrílegos postradas.
Y nada perdonó para su intento:
su valor, su talento,
aun las virtudes mismas le sirvieron,   65
y tenidas en máximas de Estado
su respetable máscara le dieron.

Viose la religión inmaculada,
hija del cielo noble y generosa,
sierva de su política insidiosa;   70
y el grande protector de la fe santa,
con suma reverencia,
los Evangelios en París decora
y el Alcorán en el Egipto adora.

¡Qué crímenes, qué males,   75
no ha dado la ambición a los mortales!
Ella sola es cual llama abrasadora,
que las mieses devora;
mas la ambición unida a la fortuna
es torrente impetuoso,   80
que atropellando todo se derrama,
y devora las mieses y la llama.

Así a los pueblos se anunció el tirano,
y ésta es la perspectiva aborrecida
que ofrecerá a quien ose desrollarle   85
el lienzo ensangrentado de su vida.
En el infausto y execrable día
en que se vió la libertad francesa
al carro vencedor en triunfo atada;
cuando al trono de Luis, César subía,   90
en medio del tumulto y la alegría

de un pueblo esclavo... Bruto, ¿dónde estabas?
No es tarde aún; ven, besaré tu mano
bañada con la sangre del tirano.

¡Ay!, ¡que la tierra toda estremecida   95
tiemble por donde pasa y brota sangre!
¡Qué nuevo crimen! ¡Dios!, ¡oh madre España,
tu fe pura y entera,
y tu misma virtud cuánto te daña!
Un corazón virtuoso,   100
noble, fiel, generoso,
no sospecha jamás que se le engañe.
¡Oh traición inaudita!... Las montañas
desplómense y en polvo se deshagan;

los bramadores y hórridos volcanes   105
humo espeso vomiten
de sus vastas y lóbregas entrañas;
y densas nubes de humo y polvo encubran
tan gran maldad del miserable suelo
al vengador y poderoso cielo.   110

¡España! ¡España! ¡La amistad sagrada,
esa necesidad tan cara al hombre,
ese placer y celestial encanto,
ese lazo el más santo
de las almas, no es más que un vano nombre,   115
un nombre sin sentido
y una red que el tirano te ha tendido!
Osó llamar el pérfido a tus reyes
y dioles como amigos
de la amistad el ósculo fingido;   120
y cuando en su poder seguros fueron,

tratoles como viles enemigos,
y expiar les hace en bárbaras prisiones
el crimen de ser reyes y Borbones.

Siervos del crimen, nuestros caros reyes   125
volvednos, sí, volvednos nuestros padres,
los dioses de la España,
y venid a quitarlos en campaña.
Siervos viles del crimen, acordaos
de la inmortal jornada de Pavía;   130
de allí, del mismo campo de batalla,
cautivo y prisionero,
vio entrar Madrid vuestro monarca fiero.
Imitad, si podéis, tan grande hazaña.
Esto es honor; y si queréis vengaros,   135
volvednos nuestros reyes
y venid a quitarlos en campaña.

Los siglos pasan, nuestra gloria dura:
cuando a cubrirnos de un baldón eterno
la fiel posteridad ya se apresura.   140

¡Oh musa!, tú que viste
el furor de la mar estrepitosa
y los vientos horrísonos oíste
y el fracaso espantoso de las olas,
tú sola pintar puedes   145
el ardor de las armas españolas,
la ira y celo con que por todas partes
va y corre la nación precipitada
¡Guerra!, clamando, y a la voz de ¡Guerra!,
cómo brota la tierra   150
y las montañas brotan gente armada

a la guerra y venganza aparejada.

¡Guerra, venganza!... ¡Oh cuánto a su deseo
ya tarda en coronarse el Pirineo
de las pérfidas huestes enemigas! 155
Nunca el indio salvaje ni el viajero,
la senda en noche lóbrega perdida,
tanto del sol ansiaron la salida,
como impaciente el español espera
mirar la luz primera 160
que le refleje el enemigo acero.
¡Oh qué sed tan violenta
de tu sangre le abraza y atormenta!...
Ya en el campo de Marte sanguinoso
le hará ver que en España, 165
para vengar la afrenta
de Dios, del rey y de la patria santa,
cada hombre es un soldado,
y que cada soldado es un Pelayo,
cada pecho un broquel, cada arma un rayo. 170

Dios santo y poderoso,
brazo, virtud y gloria en la pelea,
tú que tocas el monte y luego humea,
tú que miras la tierra y se estremece,
toca y mira ese pueblo que en su gloria, 175
sin referirla a ti, se ensoberbece.
Tú ¡oh Dios!, que a los humildes y a los mansos,
la posesión has dado de la tierra,
¡ay!, no permitas que el varón de sangre
tu nación extermine, 180
ni que en la tierra toda desolada
cubierta de cadáveres domine.

Antes tú, que quisiste
para santificar la justa guerra,
el Dios de los ejércitos llamarte, 185
y en tus pueblos caudillos elegiste,
y su defensa y su victoria fuiste,
nuestro brazo conforta, y con tu aliento,
cual huracán violento,
turba las huestes del perjuro bando 190
que las sagradas leyes quebrantando
de amor y de amistad y santa alianza,
a guerra nos provocan y a venganza.

Y tú, mi musa, en tanto
que el mundo tiemble de furor y espanto, 195
y entre los fieros males
que preceden, que siguen, que acompañan
a la venganza, la ambición vacila;
tú, mi musa, pacífica y tranquila,
cual tímida paloma, 200
que se esconde en su nido,
la tempestad huyendo que ya asoma,
vendrás a guarecerte,
mientras lo exija mi destino incierto,
a la sombra del árbol del desierto. 205

Lima, 1809.

Parodia épica

¿Ves cuál se precipita en ígneo sulco,
de la ominosa nube desprendido
, el rayo asolador, de ronco trueno
y luz deslumbradora precedido;
y de las enriscadas, desiguales   5
sierras derroca las enormes masas
de portentosa, horrible pesadumbre,
que desraigando los añosos robles,
fuertes encinas y sublimes pinos,
en derredor los valles asordando,   10
con fracaso espantable por las faldas
ásperas y fragosas saltan, ruedan
y allá en el hondo abismo se despeñan;
y a un tiempo los soberbios capiteles,
que entre nubes de lejos se divisan,   15
y valles y collados señorean,
que el tiempo respetó, con mil estragos
se desploman y en polvo se deshacen:
templos, casas, alcázares, palacios,
do en asiática pompa el lujo ríe,   20
la altiva frente rinden, y deshechas
el suelo besan que antes desdeñaban,
y sus vastas ruinas portentosas
grandes, pequeños, ricos, pobres, buenos,
malos, fuertes y débiles sepultan;   25
grito de muerte a las esferas sube,
un silencio de muerte le sucede?...
En tanto... en tanto... ¡Oh descripción amiga,
ya el aliento me falta; otro te siga!..

A un amigo

¿Por qué ha dado tu lira
tan áspero sonido,
tu lira que cantaba
de Filis el favor y los hechizos?

¿Acaso murió Filis,
su amor era fingido,
o el almo desengaño
bajó del cielo a darte sus avisos?

¿Tu juventud se huyera,
las canas te han salido,
o ya la triste ruga
en tu frente tortuosos surcos hizo?

¡Ay no!... pues la edad pasa
más presta que un navío
con viento favorable,
más que el dardo del arco desprendido.

¿Qué a la vejez te espera
de tedios y suspiros,
insensible a la fuerza
ya de los ojos negros y del vino?

En lugar de las rosas
de que antes te has ceñido,
verás la sien cercada
de lirio melancólico y marchito.

Todo se irá, dejando
mil recuerdos sombríos;

la ocasión, pues, no dejes,
sorprende la ocasión, ¡qué haces, amigo!

El tiempo te convida
a navegar: propicio 30
está el viento, y el cielo
sereno está, y el vasto mar tranquilo.

Navega, pues, que en breve
todo será peligros,
se deshará la nave 35
y se alzarán violentos torbellinos;

o en enfadosa calma,
si no tienes peligros,
no verás los jardines
hechiceros de Pafos y de Gnido. 40

Vuelva a dar, pues, tu lira
delicado sonido,
e inflámense con ellos
las tímidas doncellas y los niños.

Mira que presto vuelan 45
placeres fugitivos,
tiende, tiende las redes,
ninguno escape el lazo ya tendido.

Si no tienes objetos
del dulce verso dignos, 50
ven a este fértil pueblo,
hallarás mil Elenas y Calipsos;

o bien todas las Gracias,
los Amores unidos
en los ojos de Nise, 55
de mi amor, de mi bien, del dueño mío.

Los verás, y pasmado
los amarás conmigo,
cantarás cual solías
en tiempo más feliz, de amor herido. 60

Sí, cantarás sus ojos,
causa de mis delirios,
negros, grandes, rasgados,
de enroscadas pestañas defendidos.

Sus ojos celestiales, 65
ya lánguidos, ya vivos,
ya fijos, ya vagantes
y en su modestia misma tan lascivos.

Décimas

Para templar el calor
de la estación y la edad,
me abandonas sin piedad,
mi hechizo, mi único amor.
Te engañas, porque el ardor   5
de un alma fina y constante,
si está de su bien distante,
crece en el agua, en la nieve,
y sólo templarse debe
en el seno de un amante.   10

Ven, pues, dulce amiga, luego,
que tú eres la sola fuente
que puede mi sed ardiente
saciar, y templar mi fuego.
En vano buscaré ciego   15
más gracia, más perfección,
otro afecto, otra pasión,
porque tus ojos divinos
solos saben los caminos
que van a mi corazón.   20

A mi Magdalenita

Mi juguetona Musa,
aunque con torpe lira,
por esta vez pretende
consagrarte su voz, Magdalenita.

No examines si es dulce,   5
si es bella mi poesía,
atiende solamente
al afecto sincero que la dicta.

Pero en este momento
la memoria se aviva   10
de que estás tanto tiempo
del hermano que te ama, dividida.

Y este triste recuerdo
todo placer me quita,
y funestas ideas   15
sólo ofrece a mi triste fantasía.

Tinieblas me parece
la amable luz del día,
y me son hasta odiosas
las cosas que los otros ven y admiran. 20

Pero importa muy poco,
amable hermana mía,
que estemos separados,
estando nuestras almas tan unidas.

Ellas siempre atraviesan   25

la distancia infinita
que nos separa; se unen,
dulcemente conversan y se miran.

Se prestan mutuamente
las promesas más finas; 30
y un genio, un modo mismo
de pensar y de obrar, la unión confirma.

Alguna vez las dudas
perturban nuestra dicha,
pero a pocos instantes 35
como ligeras nubes se disipan.

¡Felices los que así aman!
Así Magdalenita
será con José, siempre
del amor fraternal imagen viva. 40

Mi corazón es tuyo,
mis afectos, mi vida;
pero todo esto es menos
de lo que tú mereces todavía.

Mis tiernas expresiones 45
reparte en la familia,
adiós. Tu amante hermano.
Octubre veintisés, escrita en Lima.

Mi retrato

A mi hermana Magdalena

¡Qué dignos son de risa
esos hombres soberbios,
que piensan perpetuarse
pintándose en los lienzos!
De blasones ilustres
sus cuadros están llenos,
de insignias y de libros
y pomposos letreros.
De este modo ellos piensan
que sus retratos viejos
serán un gran tesoro
a sus hijos y nietos,
y que todos los hombres
del siglo venidero
su arrugada figura
mirarán con respeto.
¡Oh, cómo se disipan
esas torres de viento!
Tú alguna vez me viste
reírme de mi abuelo
con su blonda peluca
y sus narices menos.

Si los hombres se olvidan
aun de los hombres muertos,
¿qué no harán, hermanita,
qué no harán con los lienzos?

En rincones oscuros,

de vil polvo cubiertos,
aun los hombres más grandes
duermen un sueño eterno.　　　　　　　30
Permíteme que piense
de un modo muy diverso:
otros, enhorabuena,
quieran hacerse eternos
por sus grandes hazañas,　　　　　　　35
por sus grandes talentos;
pero yo ¡vida mía!
más mérito no tengo
que ser hermano tuyo,
pues lo demás es menos　　　　　　　40
Y como el hombre sabio,
filósofo y modesto
con la vida presente
sólo vive contento,
deja que en cuanto pueda　　　　　　　45
imite estos ejemplos,
pues el sabio en sus obras
nos deja su diseño.

Así no me interesa
que tuviesen Homero,　　　　　　　50
Virgilio, Horacio, Ovidio,
buen rostro o rostro feo:
instrúyanme sus obras,
deléitenme sus versos;
lo demás, ¡amor mío!　　　　　　　55
no merece un deseo.

Deja que quieto viva
en el presente tiempo,

pues el tiempo futuro,
ya no estaré muy lejos,
insensible al aplauso,
insensible al concepto
que de mí formar quieran
los sabios y los necios.

Gózate que no tenga
esos vanos deseos;
deja que sin desquite
en mis alegres versos,
muy ufano me ría
de esos hombres soberbios
que piensan perpetuarse
pintándose en los lienzos.

¡Cuán duro es retratarse,
y más cuando uno es feo!,
por ti hago el sacrificio.
Lo mandas; te obedezco.
El pintor soy yo mismo;
venga, venga un espejo
que fielmente me diga
mis gracias y defectos.
Ya está aquí: no tan malo;
yo me juzgué más feo,
y que al verme soltara
los pinceles de miedo.
Pues ya no desconfío
de darte algún contento,
y más cuando me quieres,
y yo me lo merezco.
Imagínate, hermana,

un joven, cuyo cuerpo
tiene de alto dos varas,
si les quitas un dedo.
Mi cabello no es rubio,
pero tampoco es negro,
ni como cerda liso,
ni como pasa crespo.
La frente es espaciosa,
como hombre de provecho;
ni estirada, arrugada,
ni adusta mucho menos.

Las cejas bien pobladas
y algo oscuro su pelo,
y debajo unos ojos
que es lo mejor que tengo:
ni muy grandes, ni chicos,
ni azules, ni muy negros,
ni alegres, ni dormidos,
ni vivos, ni muy muertos.
Son grandes las narices,
y a mucho honor lo tengo,
pues narigones siempre
los hombres grandes fueron:
el célebre Virgilio,
el inmortal Homero,
el amoroso Ovidio,
mi amigo y mi maestro.
La boca no es pequeña,
ni muy grande en extremo;
el labio no es delgado,
ni pálido, o de fuego.
Los dientes son muy blancos,

cabales y parejos,
y de todo me río
para que puedan verlos.
La barba es algo aguda, 125
pero con poco pelo:
me alegro, que eso menos
tendré de caballero.

Sobre todo, el conjunto
algo tosco lo creo: 130
el color no es muy blanco,
pero tampoco es prieto.
Menudas, pero muchas
cacarañitas tengo,
pues que nunca faltaron 135
sus estrellas al cielo.
Mas por todo mi rostro
vaga un aire modesto,
cual transparente velo
que encubre mis defectos. 140

Hermana, ésta es mi cara:
¿qué tal?, ¿te ha dado miedo?
Pues aguarda, que paso
a pintarte mi cuerpo.
No es largo, ni encogido, 145
ni gordo mi pescuezo:
tengo algo anchos los hombros
y no muy alto el pecho.
Yo no soy corcobado
mas tampoco muy tieso; 150
aire de petimetre
ni tengo ni lo quiero.

La pierna no es delgada,
el muslo no es muy grueso,
y el pie que Dios me ha dado   155
no es grande ni pequeño.
El vestido que gasto
debe siempre ser negro,
que, ausente de ti, sólo,
de luto vestir debo.   160
Una banda celeste
me cruza por el pecho,
que suele ser insignia
de honor en mi colegio.
Ya miras cómo en todo   165
disto de los extremos;
pues lo mismo, lo mismo
es el alma que tengo.
En vicios, en virtudes,
pasiones y talentos,   170
en todo ¡vida mía!
en todo guardo un medio:
sólo, sólo en amarte
me voy hasta el extremo.
Mi trato y mis modales   175
van a par con mi genio:
blandos, dulces, sin arte
lo mismo que mis versos.
Este es, pues, mi retrato,
el cual queda perfecto,   180

si una corona en torno
de su frente ponemos,
de rosas enlazadas
al mirto y laurel tierno,

que el Amor y las Musas 185
alegres me ciñeron.
Y siéntame a la orilla
de un plácido arroyuelo,
a la sombra de un árbol,
floridos campos viendo; 190
y en un rincón del cuadro
tirados en el suelo,
el sombrero, la banda,
las borlas y el capelo.
Me pondrán en el hombro 195
con mil lascivos juegos
la amorosa paloma
que me ha ofrecido Venus.
Junto a mí, pocos libros,
muy pocos, pero buenos: 200
Virgilio, Horacio, Ovidio;
a Plutarco, al de Teyo,
a Richardson, a Pope,
y a ti ¡oh Valdés!, ¡oh tierno
amigo de las Musas, 205
mi amor y mi embeleso!
Y al pie de mi retrato,
pondrán este letrero:
«Amó cuanto era amable,
amó cuanto era bello». 210

¡Oh, retrato dichoso!,
vas donde yo no puedo:
tu suerte venturosa
¡con cuánta envidia veo!
Anímate a la vista 215
de aquella que más quiero,

y dile mis ternuras,
y dile mis deseos.

Dale mil y mil veces
pruebas de mi amor tierno, 220
y dale mil abrazos,
y en la mejilla un beso.

Lima, 1803.

Al retrato de un Cupido dado por Nise

¿Dónde corres, Cupido,
a la luz de tus fuegos,
seguido de tu madre
tan alegre y contento?
Para más bien, y llora: 5
no todos son tus siervos;
la joven que yo adoro
se resiste a tu imperio.

Deja ya ese arco flojo
por el uso y el tiempo, 10
ni tu dorada aljaba
penda de tu hombro bello,
y apaga de tu tea
el ya lánguido fuego,
que la joven que adoro 15
se resiste a tu imperio.

Antes bien busca flechas
y un arco más certero,
y o súmete en la tierra,
o levántate al cielo, 20
para encender tu antorcha
de más activo fuego,
pues la joven que adoro
se resiste a tu imperio.

A Nise, dándose a la vela

 Ay, que de tu nave
ya se hinchan los linos
al soplo del viento
y de mis suspiros.
Bella fugitiva,   5
mi hechizo, mi amor.
    Piensa en mi tormento
    al decirte adiós.

El fuego secreto
que en el pecho mío   10
hace un año que arde
sin ser conocido,
hoy nada respeta,
hoy ya es un delirio
y un ciego furor...   15
    Piensa en mi tormento
    al decirte adiós.

Cual tímida virgen
que, cuando la miran,
toda ruborosa   20
tiembla y se retira,
y piensa que es crimen
aun alzar la vista,
tal era mi amor.-
    Piensa en mi tormento   25
    al decirte adiós;

Hoy es un guerrero
que a todo se atreve,

y que entre las llamas
y la cierta muerte,   30
intrépido, osado,
el muro rebelde
pisa triunfador.
    Piensa en mi tormento
    al decirte adiós.   35

Cual débil arroyo
de agua cristalina
que en murmurio blando
corre y se desliza,
y a cualquier tropiezo   40
cortés se desvía,
tal era mi amor.-
    Piensa en mi tormento
    al decirte adiós;

Hoy es un torrente   45
que, con furia extraña,
de escarpado monte
despeñado baja,
y a los hondos valles
loco se arrebata   50
con grande fragor.
    Piensa en mi tormento
    al decirte adiós.

Cual sólo te atreves,
céfiro suave,   55
a mecer las flores,
y, oculto en su cáliz,
apenas respiras

su aroma fragante,
tal era mi amor.- 60
    Piensa en mi tormento
    al decirte adiós;

Hoy es un terrible
huracán violento,
que arrasa los campos, 65
amenaza al cielo,
las nubes inflama,
y en el mar tremendo
ceba su furor.
    Piensa en mi tormento 70
    al decirte adiós.

En la muerte

de doña María de Borbón, princesa de Asturias

    Señor, Señor, el pueblo que te adora,
bajo el peso oprimido
de tu cólera santa, gime y llora.
Ya no hay más resistir: la débil caña
que fácil va y se mece 5
cuando sus alas bate el manso viento,
se sacude, se quiebra, desparece
al recio soplo de huracán violento.
Así tu ira, Señor, bajo las formas
de asoladora peste y hambre y guerra, 10
se derramó por la infeliz España,
y aquella que llenó toda la tierra
con hazañas tan dignas de memoria,
en sus débiles hombros ya ni puede
sostener el cadáver de su gloria; 15
y la que, un tiempo, Reina se decía
de uno y otro hemisferio,
y vio besar su planta, y pedir leyes
a los pueblos humildes y a los reyes,
llora cual una esclava en cautiverio. 20

¿Y en medio a tantos males,
olvidas tus cuidados paternales,
olvidas tu piedad, y hasta nos robas
la más dulce esperanza
en la amable Princesa, 25
dechado de virtud y de belleza?...

¡Oh memorable día

aquel en que la grande Barcelona,
saltando el noble pecho de alegría,
y ufana y orgullosa 30
al verse de sus reyes visitada,
vio la mar espumosa
besar su alta muralla,
y deponer después sobre su playa,
ante el inmenso pueblo que esperaba, 35
el precioso tesoro
que la bella Parténope mandaba!100
Y entre las salvas y festivos vivas,
la augusta joven pisa ya la tierra,
que devota, algún día, 40
reina, señora y madre le diría.
Ni se sacian los ojos de mirarla,
y nadie puede verla sin amarla.
Llena de noble agrado, y apacible
y fácil y accesible, 45
siembra amor por doquier. Llega y conquista.
Todos los corazones son ya suyos...
Malograda Princesa,
no has muerto sin reinar. Un pueblo entero
libre te ha obedecido; 50
que quien ama obedece,
y sólo amor merece
lo que no puede el oro ni el acero.

¿Dó están las esperanzas, madre España,
las altas esperanzas que formaste, 55
cuando las bellas ramas
de un mismo excelso tronco entrelazaste?
¿Dó los tiempos pimpollos
que el tálamo real brotar debiera,

por cuyas venas la gloriosa sangre 60
del domador de Nápoles corriera;
que de su gloria y nombres herederos,
y a la sombra del trono
del grande Carlos y la amable Luisa,
crecieran, se elevaran 65
y feliz perpetuaran
la sucesión de reyes piadosos,
benéficos y bravos y guerreros
y padres de la patria verdaderos?
¿Dó, España, fueron tus ardientes votos, 70
que ante el altar postrada,
la noble faz bañada
en lágrimas de gozo,
en día tan dichoso
al cielo religiosa dirigiste? 75

Señor, ensordeciste
a su clamor, y a su llorar cegaste,
y los ojos tornaste
llenos de indignación: tembló la tierra,
y los cielos temblaron; 80
todos los elementos cruda guerra[6]
entre sí concitaron;
rómpese el aire en rayos encendido;
retumba en torno el trueno estrepitoso,
el viento enfurecido 85
silba, conturba el mar; y las escuadras
en su arduo combatir van y se chocan,
ciegas se mezclan, se destrozan luego,

---

6 Alusión a la terrible tempestad que acabó de perder las escuadras en el combate de 21 de octubre de 1805.

y al fondo de la mar de sangre y fuego,
como la piedra, bajan, desparecen. 90
Todos, todos perecen
confundidos, sin gloria y sin venganza;
y tu ira sólo triunfa. Después llamas
al ángel de la muerte, y le señalas
la digna primogénita de Iberia. 95
Él se alza, y reverente,
velada de temor su faz gloriosa
con las brillantes alas,
te oye y ciñe la espada reluciente,
del Egipto a los hijos ominosa, 100
de su sangre aún teñida,
y vuela a obedecerte...
Hiere, y cae la víctima inocente,
víctima de expiación de tus pecados,
España delincuente, 105
y herida cae de aquella misma espada,
con que una infiel nación fue castigada;
que al Todopoderoso
es altamente odioso,
quizá más que el infiel, su pueblo ingrato. 110

En tanto ya los males y dolores,
soldados indolentes, que militan
bajo el pendón sombrío de la muerte,
volteando en torno de la real cabeza
una tan cara vida amenazaron. 115
Sus ojos se anublaron,
sobre sus labios la sonrisa muere,
y se sienta la pálida tristeza
en los ojos, que fueron
el trono del amor y de las gracias; 120

y su pecho, en que ardía
la viva y casta llama de Fernando,
se fatiga, se oprime... Un mismo día
ha visto nuestra dicha
nacer, crecer, morir; y fue la noche   125
de tan alegre día
la noche de la tumba oscura y fría.

En vano ¡ay!, cuán en vano
agotó el arte humano
su saber, su poder... El alto cielo   130
su decreto de muerte dio... y el ángel
libertador de Isaac retardó el vuelo.

Cumana Profetisa
que desde tu honda y misteriosa cueva,
de furor agitada,   135
y en éxtasis sublime enajenada,
oráculos terribles revelaste,
¿por qué no levantaste
de la tumba, do yaces tantos siglos,
la venerable frente,   140
y la sagrada lengua desatando,
por qué no presentaste
los imperios caídos,
y los cetros rompidos
sobre el sepulcro triste y pavoroso?,   145
y ¿por qué no turbaste
el gozo de tu Nápoles, (cantando
el funeral destino que arrastraba
a las playas ibéricas su hija),
cuando fió a las olas   150
la reina de las gentes españolas?

Y el luto de tu patria o nunca fuera,
o, ya previsto mal, menos le hiriera.
Y tú que, ya cortados
los lazos que te unían 155
al trono y a la vida y a Fernando,
y tu esfuerzo a los cielos contenían,
te elevaste segura,
cual llama hermosa y pura,
del pábulo terrestre desprendida; 160
ve la mísera España
al extremo dolor abandonada
el real manto rugado,
la negra cabellera deslazada,
y ceñida la frente 165
de jacinto al ciprés entrelazado,
gemir sobre tu losa. Y los gemidos
su hija América oyendo también gime,
y triste y desolada
así suelta la voz apesarada: 170
«¡Oh!, ¡qué improviso golpe
mi herido corazón de nuevo hiere!...,
vi el monstruo de la guerra
ya en el antiguo mundo no cabiendo,
nadar, romper los mares tormentosos; 175
y a su terrible aspecto, a su bramido
espavorida retemblar mi tierra;
y vi la planta impura
del ínfido Bretón y codicioso,
en presencia del cielo, 180
manchar mi casto y religioso suelo;
vi mis campos talados,
vi profanar mis templos, mis altares,
vi mis hijos morir... ¡hijos amados!,

por su patria, su rey, su Dios armados;   185
cuyas manos valientes
sólo al morir soltaron el acero
bañado en sangre y gloria, único alivio
de esta viuda infeliz... ¡Carlos!, mis hijos
murieron ¡ay!, no mueran sin venganza;   190
que si vencer los fuertes no pudieron,
lidiar al menos y morir supieron».

Suspende, amada patria, tus querellas.
Sígueme, que en las alas
del rayo impetuosas,   195
cual la reina del aire,
me lanzo a las mansiones venturosas.
Las puertas eternales de improviso
se abrieron... ¿Oyes el armonioso,
arrebatado canto   200
que en torno suena del cordero santo?,
¿y entre el sublime y resonante coro,
cuál se alza fervorosa
de Antonia la oración, y cuál ofrece
su juventud, su vida, su martirio,   205
por los males del pueblo que ama tanto?
Ve ya del trono santo
bajar entre inefables resplandores
la mirada de paz, y el rayo ardiente
caerse de la diestra omnipotente.   210

Y tú, alado ministro de venganza,
tú que segaste en flor nuestra esperanza,
ve a decir a los pueblos enemigos
que la ira celestial se ha serenado;
que ya el Señor nos llama sus amigos,   215

que él solo nuestra fuerza quebrantaba,
que hoy su poder conforta nuestro brazo.
Di que tiemblen, que somos invencibles,
y que el León ibero,
la su crespa melena   220
erizada, ya rota la cadena,
rugirá; y al rugido

huyendo el insular precipitado
por sus ingratas olas,
el gran tridente soltará usurpado   225
en las tendidas playas españolas[103].

Lima, Mayo, 1807.

Himno a Diana

Dedicado al amable cazador, mi amigo J. R. O.

  Ven, hermosa Diana,
y da al cazador,
que tus leyes sigue,
tu gracia y favor.

Ven que tú en los campos 5
fuiste la primera
que agitó las fieras
y las tiernas aves,
que cantan süaves
cuando nace el sol. 10

Ven, hermosa Diana,
y da al cazador,
que te ama y te sigue,
tu ayuda y favor.

Al viento vagaba 15
tu libre cabello,
y del hombro bello
la aljaba pendía,
y el pie te lamía
el can corredor. 20

Ven, hermosa Diana,
y da al cazador,
que te ama y te sigue,
tu ayuda y favor.

Dame las saetas 25
de tu arco certero,
o haz que el plomo fiero
alcance y traspase
cuando al monte pase
el ciervo veloz. 30

Ven, hermosa Diana,
y da al cazador,
que te ama y te sigue,
tu ayuda y favor.

Si al zarzal huyere 35
la ágil gallareta,
con su rastro inquieta
al diestro sabueso,
y al tenaz latido,
del cieno escondido 40
salga desalada,
corra, vuela y caiga,
aunque alas le añada
su mismo temor.

Ven, hermosa Diana, 45
y da al cazador,
que te ama y te sigue,
tu ayuda y favor.

Dicen que se goza
sólo en la ciudad 50
de amor, de amistades
y dulce recreo,
mas yo en este empleo

la ciudad olvido,
su brillo, su ruido, 55
y olvido el amor.

Ven, hermosa Diana,
y da al cazador,
que te ama y te sigue,
tu ayuda y favor. 60

Que tú castigaste
al curioso Acteón,
que de amor movido
desnuda te vió.
Convertido en ciervo 65
al punto corrió,
y los tus sabuesos
con rabia feroz
parten a vengarte
de la injuria atroz. 70
El bosque llenaron
de agudo clamor;
lo siguen, lo acosan
con curso veloz,
parten sus entrañas 75
y su corazón.
Los necios y ciegos
sigan al Amor,
y sufran y penen,
que a Diana amo yo. 80

Ven, hermosa Diana,
y da al cazador,
que te ama y te sigue,

tu ayuda y favor.

Si tú dirigieres 85
mi tímida mano,
ningún tiro vano
saldrá del cañón;
y yo te prometo
con todo el respeto 90
de mi corazón
no cazar jamás
sin invocarte antes
con esta canción.

Ven, hermosa Diana, 95
y da al cazador,
que te ama y te sigue,
tu ayuda y favor.

Vamos, compañeros,
¿no veis los accesos 100
de nuestros sabuesos?,
vamos con ardor.
No temáis al frío,
no temáis al sol,
que ya volveremos 105
cargados, sudosos,
pero más gloriosos
que un conquistador.

Dedicatoria

a J. R. O.

Y tú, mi dulce amigo,
que con la caza alegre
el afanoso estudio
alternas y entretienes,
sigue, sigue gozando 5
el placer de los reyes;
la diosa de los bosques
su gracia te promete.

Mas si en la selva umbrosa
dos palomitas vieres 10
acariciarse tiernas,
el tiro, cruel, suspende;
perdón a sus caricias,
y diles cuando vuelen:

«Si acaso sois de aquellas 15
que en Chipre tiran siempre
el carro de la madre
del amor y el deleite,
id allá desaladas,
palomas inocentes, 20
y en vuestro dulce arrullo
que Venus sola entiende,
decidle: Tu poeta
nos libró de la muerte».

La palomita

(Anacreóntica)

¿Dime de dónde vienes?,
dímelo por tu vida,
¿dónde vas?, ¿de quién eres,
amable palomita?

—El amoroso Olmedo 5
a su Nise me envía,
a la graciosa Nise,
su amor y su delicia.
Yo antes era de Venus,
y de las más queridas, 10
yo su carro tiraba
y en todo la servía.
Mas del calor huyendo
en un estivo día,
o por buscar la sombra, 15
que es del amor amiga,
con mi amante palomo,
blanco como yo misma,
en una selva umbrosa
entré, y me vi perdida. 20
Que un cazador amable
que allí por caso había
nos mira, y nos asesta
su cañón homicida.
Mas se contuvo luego, 25
no sé por qué, y con risa
como que algo recuerda
oí que me decía:

«Si acaso eres de aquellas
que allá en la Chipre tiran 30
el carro de la madre
de amorosas delicias,
vuela allá desalada,
cándida palomita,
y en tu arrullo que entiende 35
sólo Venus divina,
dile que su poeta
te libertó la vida».

Ajena ya del susto
volé alegre y festiva 40
a referirle a Venus
lo de la selva umbría.
En su caliente seno
me acoge y me decía:
«Ya estás en mi regazo 45
¿qué temes, cuitadilla?,
no más de susto tiemblen
tus cándidas alitas.
Pero yo premiar quiero
al que debes la vida. 50
Ve a mi tierno poeta,
dile que soy su amiga,
y ofrécele mi gracia
y protección divina».

De entonces dejé a Venus, 55
dejé a Chipre por Lima,
y vine a ser de Olmedo,
que es la ternura misma.

De entonces soy su esclava,
y le sirvo muy fina: 60
suya soy, y son suyas
estas letras que miras.
Libertad cuando torne
dijo que me daría:
mas yo sin él no quiero 65
ni libertad ni vida.
Con mi arrullo le aduermo,
mi pico le acaricia,
le cubro con mis alas
en las mañanas frías. 70
Comer quiero, y el grano
pico en su mano misma;
y si dormir, me arrulla
su blanda y dulce lira.

Pero... ingrato me engaña; 75
todo, todo es mentira,
sus melosas palabras,
sus besos y caricias.
Yo estoy, oh pasajero,
de los celos perdida, 80
pues mi amo sólo quiere
a una niña muy linda;
y aun conmigo estos versos
le manda a mi enemiga,
a la graciosa Nise, 85
su amor y su delicia.
Adiós, sé delicado
y calles, que la dicha
de amar y ser amado,
entre las almas finas, 90

crece con el misterio
mengua con la noticia.
Y adiós, que me detengo
más de lo que debía,
y temo que mi ingrato   95
al volver me reciba
sin ojos placenteros,
sin su amable sonrisa,
pues el que ama y espera
con lo menor se irrita.   100

El árbol

A la sombra de este árbol venerable
donde se quiebra y calma
la furia de los vientos formidable,
y cuya ancianidad inspira a mi alma
un respeto sagrado y misterioso,   5
cuyo tronco desnudo y escabroso
un buen asiento rústico me ofrece,
y que de hojosa majestad cubierto
es el único rey de este desierto,
que vastísimo en torno me rodea;   10
aquí mi alma desea
venir a meditar; de aquí mi musa,
desplegando sus alas vagarosas,
por el aire sutil tenderá el vuelo;
ya cual fugaz y bella mariposa,   15
por la selva florida,
libre, inquieta, perdida,
irá en pos de un clavel o de una rosa,
ya cual paloma blanca y lastimera
irá a Chipre a buscar su compañera,   20
ya cuál garza atrevida
traspasará los mares,
verá todos los reinos y lugares,
o cual águila audaz alzará el vuelo
hasta el remoto y estrellado cielo.   25

¿No ves cuán ricas tornan a sus playas
de las Indias las naves españolas
a pesar de los vientos y las olas?,
pues muy más rica tornarás, mi musa,
de imágenes, de grandes pensamientos,   30

y de cuantos tesoros de belleza
contiene en sí la gran naturaleza;
y de tu largo vuelo fatigada
vendrás a descansar, como a seguro
y deseado puerto,   35
a la sombra del árbol del desierto.

¡Necio de mí!, ¿qué he visto?,
¡cuántas veces mejor me hubiera estado
gozar en grata paz menos curioso
de este ocio dulce, fresco y regalado,   40
que ver el espectáculo horroroso
que la perjura Francia,
de su seno feraz en sediciones,
en escándalo ofrece a las naciones!
¿Dónde están esas leyes decantadas   45
por la justicia y la equidad dictadas?
¿Mas qué aprovechan leyes sin virtudes?,
¡ni cómo las virtudes celestiales,
don de Dios el más puro y más sagrado,
han de habitar el corazón malvado   50
de un pueblo sedicioso,
cuyo jefe ambicioso,
cualquier senda, aunque sea
toda de sangre y crímenes cubierta,
la cree justa, legítima, segura,   55
si oro, poder y cetro le procura!

Los pueblos sabios, libres y virtuosos
en el trono sentaron a las leyes,
y se postraban a sus pies los reyes.
Pero el tirano, no: sentose él mismo,   60
y las leyes sagradas

puso a sus pies sacrílegos postradas.
Y nada perdonó para su intento:
su valor, su talento,
aun las virtudes mismas le sirvieron, 65
y tenidas en máximas de Estado
su respetable máscara le dieron.

Viose la religión inmaculada,
hija del cielo noble y generosa,
sierva de su política insidiosa; 70
y el grande protector de la fe santa,
con suma reverencia,
los Evangelios en París decora
y el Alcorán en el Egipto adora.

¡Qué crímenes, qué males, 75
no ha dado la ambición a los mortales!
Ella sola es cual llama abrasadora,
que las mieses devora;
mas la ambición unida a la fortuna
es torrente impetuoso, 80
que atropellando todo se derrama,
y devora las mieses y la llama.

Así a los pueblos se anunció el tirano,
y ésta es la perspectiva aborrecida
que ofrecerá a quien ose desrollarle 85
el lienzo ensangrentado de su vida.
En el infausto y execrable día
en que se vió la libertad francesa
al carro vencedor en triunfo atada;
cuando al trono de Luis, César subía, 90
en medio del tumulto y la alegría

de un pueblo esclavo... Bruto, ¿dónde estabas?
No es tarde aún; ven, besaré tu mano
bañada con la sangre del tirano.

¡Ay!, ¡que la tierra toda estremecida   95
tiemble por donde pasa y brota sangre!
¡Qué nuevo crimen! ¡Dios!, ¡oh madre España,
tu fe pura y entera,
y tu misma virtud cuánto te daña!
Un corazón virtuoso,   100
noble, fiel, generoso,
no sospecha jamás que se le engañe.
¡Oh traición inaudita!... Las montañas
desplómense y en polvo se deshagan;
los bramadores y hórridos volcanes   105
humo espeso vomiten
de sus vastas y lóbregas entrañas;
y densas nubes de humo y polvo encubran
tan gran maldad del miserable suelo
al vengador y poderoso cielo.   110

¡España! ¡España! ¡La amistad sagrada,
esa necesidad tan cara al hombre,
ese placer y celestial encanto,
ese lazo el más santo
de las almas, no es más que un vano nombre,   115
un nombre sin sentido
y una red que el tirano te ha tendido!
Osó llamar el pérfido a tus reyes
y dioles como amigos
de la amistad el ósculo fingido;   120
y cuando en su poder seguros fueron,
tratoles como viles enemigos,

y expiar les hace en bárbaras prisiones
el crimen de ser reyes y Borbones.

Siervos del crimen, nuestros caros reyes 125
volvednos, sí, volvednos nuestros padres,
los dioses de la España,
y venid a quitarlos en campaña.
Siervos viles del crimen, acordaos
de la inmortal jornada de Pavía; 130
de allí, del mismo campo de batalla,
cautivo y prisionero,
vio entrar Madrid vuestro monarca fiero.
Imitad, si podéis, tan grande hazaña.
Esto es honor; y si queréis vengaros, 135
volvednos nuestros reyes
y venid a quitarlos en campaña.

Los siglos pasan, nuestra gloria dura:
cuando a cubrirnos de un baldón eterno
la fiel posteridad ya se apresura. 140

¡Oh musa!, tú que viste
el furor de la mar estrepitosa
y los vientos horrísonos oíste
y el fracaso espantoso de las olas,
tú sola pintar puedes 145
el ardor de las armas españolas,
la ira y celo con que por todas partes
va y corre la nación precipitada
¡Guerra!, clamando, y a la voz de ¡Guerra!,
cómo brota la tierra 150
y las montañas brotan gente armada
a la guerra y venganza aparejada.

¡Guerra, venganza!... ¡Oh cuánto a su deseo
ya tarda en coronarse el Pirineo
de las pérfidas huestes enemigas!   155
Nunca el indio salvaje ni el viajero,
la senda en noche lóbrega perdida,
tanto del sol ansiaron la salida,
como impaciente el español espera
mirar la luz primera   160
que le refleje el enemigo acero.
¡Oh qué sed tan violenta
de tu sangre le abraza y atormenta!...
Ya en el campo de Marte sanguinoso
le hará ver que en España,   165
para vengar la afrenta
de Dios, del rey y de la patria santa,
cada hombre es un soldado,
y que cada soldado es un Pelayo,
cada pecho un broquel, cada arma un rayo.   170

Dios santo y poderoso,
brazo, virtud y gloria en la pelea,
tú que tocas el monte y luego humea,
tú que miras la tierra y se estremece,
toca y mira ese pueblo que en su gloria,   175
sin referirla a ti, se ensoberbece.
Tú ¡oh Dios!, que a los humildes y a los mansos,
la posesión has dado de la tierra,
¡ay!, no permitas que el varón de sangre
tu nación extermine,   180
ni que en la tierra toda desolada
cubierta de cadáveres domine.
Antes tú, que quisiste

para santificar la justa guerra,
el Dios de los ejércitos llamarte, 185
y en tus pueblos caudillos elegiste,
y su defensa y su victoria fuiste,
nuestro brazo conforta, y con tu aliento,
cual huracán violento,
turba las huestes del perjuro bando 190
que las sagradas leyes quebrantando
de amor y de amistad y santa alianza,
a guerra nos provocan y a venganza.

Y tú, mi musa, en tanto
que el mundo tiemble de furor y espanto, 195
y entre los fieros males
que preceden, que siguen, que acompañan
a la venganza, la ambición vacila;
tú, mi musa, pacífica y tranquila,
cual tímida paloma, 200
que se esconde en su nido,
la tempestad huyendo que ya asoma,
vendrás a guarecerte,
mientras lo exija mi destino incierto,
a la sombra del árbol del desierto. 205

Lima, 1809.

Parodia épica

¿Ves cuál se precipita en ígneo sulco,
de la ominosa nube desprendido
, el rayo asolador, de ronco trueno
y luz deslumbradora precedido;
y de las enriscadas, desiguales   5
sierras derroca las enormes masas
de portentosa, horrible pesadumbre,
que desraigando los añosos robles,
fuertes encinas y sublimes pinos,
en derredor los valles asordando,   10
con fracaso espantable por las faldas
ásperas y fragosas saltan, ruedan
y allá en el hondo abismo se despeñan;
y a un tiempo los soberbios capiteles,
que entre nubes de lejos se divisan,   15
y valles y collados señorean,
que el tiempo respetó, con mil estragos
se desploman y en polvo se deshacen:
templos, casas, alcázares, palacios,
do en asiática pompa el lujo ríe,   20
la altiva frente rinden, y deshechas
el suelo besan que antes desdeñaban,
y sus vastas ruinas portentosas
grandes, pequeños, ricos, pobres, buenos,
malos, fuertes y débiles sepultan;   25
grito de muerte a las esferas sube,
un silencio de muerte le sucede?...
En tanto... en tanto... ¡Oh descripción amiga,
ya el aliento me falta; otro te siga!..

A un amigo

(Don Gaspar Rico)

En el nacimiento de su primogénito

   ¡Tanto bien es vivir, que presurosos
deudos y amigos plácidos rodean
la cuna del que nace,
y en versos numerosos
con felices pronósticos recrean   5
la ilusión paternal! Uno la frente
besa del inocente
y en ella lee su próspero destino;
otro, ingenio divino,
sed de saber y fama   10
y de amor patrio la celeste llama
ve en sus ojos arder; y la ternura,
el candor y piedad otro divisa
en su graciosa y plácida sonrisa.

   Pero ¿será feliz?, ¿o serán tantas   15
hermosas esperanzas, ilusiones?
Ilusiones, Risel. Ese agraciado
niño, tu amor y tu embeleso ahora,
hombre nace a miseria condenado.
Vanos títulos son para librarle   20
su fortuna, su nombre.
Mas ¿qué hablo yo de nombre y de fortuna?,
si su misma virtud y sus talentos
serán en estos malhadados días

   un crimen sin perdón... La moral pura   25

la simple, la veraz filosofía,
y tus leyes seguir, madre Natura,
impiedad se dirá. Rasgar el velo
que la superstición, la hipocresía
tienden a la maldad; decir que el cielo   30
límites ciertos al poder prescribe
como a la mar; y que la mar insana
menos desobediente
es al alto decreto omnipotente:
impiedad... sedición... Por toda parte,   35
la frente erguida, el vicio se pasea,
llevando por divisa «audacia y arte».
Tienta, seduce, inflama,
ni oro, ni afán perdona;
da a la maldad por galardón la fama,   40
se atreve a todo, y triunfa, y se corona.
¡Qué escenas, Dios!, ¡qué ejemplos!, ¡qué peligro!
¿Y es tanto bien vivir? -¡Siquiera el cielo
a más serenos días retardará,
oh niño, tu nacer!, que ahora sólo   45
el indigno espectáculo te espera
de una patria en mil partes lacerada,
sangre filial brotando por doquiera,
y, crinada de sierpes silbadoras,
la discordia indignada   50
sacudiendo, cual furia horrible y fea,
su pestilente y ominosa tea.

¡Oh!, ¡si te fuera dado al seno oscuro
pero dulce y seguro,
de la nada tornar!... y de este hermoso   55
y vivífico sol, alma del mundo,
no volver a la luz, sino allá cuando

ceñida en lauro de victoria ostente
la dulce patria su radiosa frente,
el astro del saber termine 60
su conocido giro al occidente,
y el culto del arado y de las artes,
más preciosas que el oro,
haga reflorecer en lustre eterno,
candor, riqueza y nacional decoro, 65
y leyes de virtud y amor dictando,
en lazo federal las gentes todas
adune la alma paz, y se amen todas...
y ¡oh triunfo!, derrocados
caigan al hondo abismo 70
error, odio civil y fanatismo.

Traed, cielos, en alas presurosas
este de expectación hermoso día.
Entretanto, Risel, cauto refrena
el vuelo de esperanza y de alegría. 75
¡Oh, cuántas veces una flor graciosa
que al primer rayo matinal se abría,
y gloria del vergel la proclamaba
la turba de los hijos de la Aurora,
y algún tierno amador la destinaba 80
a morir perfumando el casto seno
de la más bella y más feliz pastora!,
¡oh, cuántas veces mustia y desmayada
no llega a ver el sol, que de improviso
la abrasa el hielo, el viento la deshoja, 85
o quizá hollada por la planta impura
de una bestia feroz ve su hermosura!

Empero tu deber, Risel amado,

ya que te ves alzado
a la sublime dignidad de padre, 90
te manda no temer; antes el fuerte
pecho contraponer a la violenta
avenida del mal y de la suerte.
Virtud, ingenio tienes. Sirva todo,
no sólo a dirigir la índole tierna 95
de tu hijo al bien, que en desunión eterna
está con la ambición y la mentira,
sino a purificar en algún modo
el aire infecto que doquier respira.
Aprenda de tu ejemplo 100
prudencia, no doblez; valor, no audacia;
moderación en próspera fortuna,
constante dignidad en la desgracia.
Porque cuando en el monte se embravece
hórrida tempestad, el flaco arbusto 105
trabajado del ábrego perece,
mas al humilde suelo nunca inclina
su excelsa frente la robusta encina,
antes allá en las nubes señorea
los elementos en su guerra impía 110
y al fulgurante rayo desafía.

Y tú, mi dulce amiga, cuyo hermoso
corazón es el ara
del amor conyugal y la ternura,
que por seguir y consolar tu esposo, 115
en tabla mal segura
osaste hollar con varonil denuedo
mares por sus naufragios tan famosas,
y cortes más que mares procelosas;
tú, que aun en medio del dolor serena, 120
viste abrirse a tus pies la tumba oscura,

ni asomada a su abismo te espantaste,
y ansiedad, y amargura,
en los pesares sólo,
mal merecidos, de Risel mostraste, 125
o cuando el tierno pecho te asaltaba
dulce memoria de tu patria ausente;
¡oh!, entonces no sabías
que al volver a tu patria y tus amigos
en premio el cielo a tu virtud guardaba 130
lo que negó a diez años de deseos,
y que madre a tu madre abrazarías.

Gózate para siempre, amiga mía;
huyó la nube en tempestad preñada,
y te amanece bonancible día. 135
Éste, éste de la patria el caro suelo,
éste su dulce y apacible cielo,
éstos tus lares son. ¿Por qué suspiras?
No es ya mentido sueño lo qué miras...
Esa que tierna abrazas es tu madre, 140
tú, más feliz que yo, tu madre abrazas...
mientras yo ¡desdichado!,
sólo en la tumba abrazaré la mía.

Tú, sé feliz, y goza ya, segura
de sobresalto fiero, 145
inefable delicia en el cariño
de este precioso niño,
primera prenda de tu amor primero.
Paréceme mirarte embebecida
en sus ingenuas y festivas gracias; 150
y, cuando más absorta, de improviso
una lágrima ardiente

de tus ojos brotar... el inocente
cual si entendiera lo que entonces piensas,
las manecitas cariñosas tiende, 155
abre en sonrisa la encarnada boca
y el dulce beso maternal provoca.
Bésale, veces mil, y esta dulzura
divide con Risel. Sabia Natura
no te formó al nacer amable, hermosa, 160
sino para ser madre y ser esposa.
Y tú, querido infante, que ignorando
cuál será tu destino, en la dorada
blanda cuna te meces,
y agraciado sonríes 165
o ledo te adormeces;
ya que mirar la luz te ha dado el cielo,
vive, florece; y tus amigos vean
que en honor y consuelo
de tu familia y de tu patria creces. 170

Sigue como tus padres alentado
de la virtud la senda,
y nada temas; que en cualquier estado
vive el hombre de bien serenamente
a una y otra fortuna preparado. 175

Y libre, o en cadena, y aun alzada
sobre su cuello la funesta espada,
en noble impavidez antes la frente
a la ceñuda adversidad humilla
que a un risueño tirano la rodilla. 180

Lima, 1817.

Canción

Aquel velo misterioso
que al pudor la noche da,
es más bello y más hermoso
que el sol en su claridad.
    Ven, pues, noche, no te tardes,   5
    ven mis dichas a colmar.

Allá lejos tras los montes
escondiéndose el sol va;
ésta es la hora venturosa
del placer y de la paz.   10
    Llega, noche, no te tardes,
    ven mis dichas a colmar.

Ven, amiga, presurosa,
que mi amor te espera ya,
y cada sombra me engaña   15
pensando que tú serás.
    Llega, noche, no te tardes,
    ven mis dichas a colmar.

Las palomas se acarician
y se quejan a la par: 20
con sus quejas y caricias
dulce ejemplo nos darán.
Llega, noche, no te tardes,
ven mis dichas a colmar.

Marzo de 1817.

Canción al 9 de octubre

¿Veis esa luz amable
que raya en el oriente
cada vez más luciente
en gracia celestial?
Esa es la aurora plácida   5
que anuncia libertad.
Esa es la aurora plácida
que anuncia libertad.

Coro
Saludemos gozosas
en armoniosos cánticos   10
esa aurora gloriosa
que anuncia libertad,
libertad, libertad.

Nosotras guardaremos
con ardor indecible   15
tu fuego inextinguible,
oh santa libertad,
como vestales vírgenes
que sirven a tu altar,
como vestales vírgenes   20
que sirven a tu altar.

Coro
Saludemos gozosas
en armoniosos cánticos
esta aurora gloriosa
que anuncia libertad,   25
libertad, libertad.

Haz que en el suelo que amas
florezca en todas partes
el culto de las artes
y el honor nacional. 30
Y da con mano pródiga
los bienes de la paz,
y da con mano pródiga
los bienes de la paz.

Coro
Saludemos gozosas 35
en armoniosos cánticos
esta aurora gloriosa
que anuncia libertad,
libertad, libertad.

Ensayo sobre el hombre

por Alejandro Pope

Epístola primera[7]

Despierta, amigo, y generoso deja
las necias esperanzas, los caprichos
de la ambición al vulgo de los reyes.
Y pues el soplo de la vida apenas
nos permite observar lo que nos cerca,   5
y se extingue después, ven y corramos

7 Sumario. La razón no puede formarse idea de Dios sino por las cosas visibles; ni del hombre, sino considerándole como parte de este mundo, cuyas relaciones con el universo nos son desconocidas.-Esta ignorancia es la fuente de nuestras quejas contra la Providencia.-Necedad o injusticia de estas quejas.-Para conocer la sabiduría de Dios en la formación del hombre, era preciso comprender toda la economía de sus designios.-El hombre tiene toda la perfección que conviene a su fin y al lugar que ocupa entre los seres creados.-En la ignorancia de los sucesos futuros de la vida, y en la esperanza de una felicidad futura, se funda nuestra felicidad presente.-Nuestros errores y nuestra miseria provienen del orgullo que aspira a una perfección de que el hombre no es capaz.-Él se mira como el objeto final de la creación, y quiere en el mundo moral la perfección que no hay en el mundo físico, y que no puede haber en las cosas creadas.-En el universo visible hay un orden, una gradación de perfecciones entre las criaturas, de donde resulta la subordinación de unas a otras, y de todas al hombre.-Gradación de sentidos, instinto, pensamiento y razón.-La razón da al hombre la superioridad sobre todos los animales y le compensa con ventaja todas las calidades que ellos tienen sobre él.-Facultades sensitivas más delicadas nos harían miserables.-La conservación, la felicidad de las criaturas pende del orden y mutuo enlace de todas: la menor dislocación causaría la destrucción del todo.-El hombre para ser feliz en el estado presente y futuro debe someterse a los designios de la Providencia y concluir que todo cuanto existe está bien en el mundo.

sobre esta escena rápida del hombre.
¡Qué laberinto!, exclamas. Mas no pienses
que carece de plan. Árbol que tienta
con sus hermosos y vedados frutos, 10
campo do rosas entre abrojos nacen,
recorrámosle pues; y cuanto muestra
sobre su faz o dentro el seno guarda,
conmigo indagarás, y las tortuosas
sendas que sigue quien se arrastra ciego, 15
o el loco aturdimiento del orgullo
que en su mentida elevación se pierde.

Seguir tu clara voz, naturaleza,
es nuestro fin, la necedad humana
confundir en su error, y ver las causas 20
de quejas y opiniones siempre dignas
de risa o de censura. Al Dios del hombre
a los ojos del hombre vindiquemos.

  Sobre Dios, sobre el hombre alguna idea
sólo por lo que vemos nos formamos. 25
¿Qué vemos en el hombre? Un ser dotado
de reflexión, que su lugar prescrito
con los demás en la creación ocupa;
y toda nuestra ciencia sobre el hombre
a estos solos principios se reduce. 30

  Que a Dios conozcan mundos infinitos
que ni los puede divisar la vista,
ni el alma imaginar; que allá le adoren...
Nosotros conocerle y adorarle
debemos en el nuestro. En audaz vuelo 35
quien el espacio penetrar pudiere

y mundos sobre mundos ver girando
para formar el universo, y nuevos
planetas descubrir y nuevos soles,

y ver qué seres las estrellas pueblan; 40
ése podrá decir por qué Dios hizo
el mundo tal como es... Mas, di, ¿tú sabes
cuáles de esta obra son los fundamentos?,
¿el mutuo lazo que sus partes une?,
¿la justa proporción, y la insensible 45
gradación de los seres? O bien, dinos,
¿podrá una parte contener su todo?

   Y esta cadena que lo enlaza todo,
y lo sostiene todo ¿de qué manos,
de las de Dios, o de las tuyas pende? 50
¿La razón indagar ¡necio!, procuras,
por qué eres ciego y débil? ¡Eh!, debías
antes buscar la causa aun más oculta
por qué no eres más débil y más ciego.

   Ve a tu madre la tierra a preguntarle 55
¿por qué el roble será más alto y fuerte
que no las zarzas que a su sombra crecen?
O pregunta a los cielos ¿por qué causa
son menores que Júpiter las lunas
que en torno giran de él? ¡Ah!, si es muy justo 60
que de cuantos sistemas son posibles
prefiera la eternal sabiduría
el que fuere mejor, donde las partes
sin la menor interrupción se adunen
para no disolverse, y donde ocupe 65
cada ser su lugar; fuerza es que el hombre

tenga el suyo también en esa escala
de los seres que viven y que sienten.
Y aunque ardan en disputas las escuelas,
ya sólo resta investigar si el hombre   70
está con relación a su destino
mal colocado en el lugar que ocupa.

   Lo que es mal para el hombre, puede y debe
ser un bien para el todo: el arte humano
cuando se esfuerza más, produce apenas   75
aun con mil movimientos un efecto;

pero Dios con un solo movimiento
llena todo su fin, y aun otros fines
prepara y perfecciona... Y así el hombre
que es aquí el móvil primordial y solo   80
en este orden, quizá subordinado
a otra esfera mayor, mueve una rueda
y concurre a otro fin que él no conoce.
¡Quién, pues, comprenderá de este gran todo
el plan y fin y dirección y leyes,   85
si una mínima parte sólo vemos!

   Cuando el fiero caballo reconozca
la mano que le doma, y mal su grado
la refrena o le aguija en su carrera;
y cuando sepa el lento buey por qué abre   90
ora la dura tierra, ora es llevado
cual víctima al altar, ora, ceñido
de flores cual un dios, Menfis le adora;
entonces conocer, hombre orgulloso,
podrás también tu fin, y adónde tienden   95
tu acción y tu pasión, cuáles las causas

son del bien y del mal, qué te reprime
o qué te impele a obrar, por qué unas veces
de una deidad te elevas a la esfera
y otras de un siervo á la vileza bajas. 100

   No digas, pues, que el hombre es imperfecto
y que Dios hizo mal; antes confiesa
que el hombre, a quien es dado solamente
gozar del tiempo un fugitivo instante,
y ocupar del espacio un solo punto, 105
debe ser tan feliz y tan perfecto
como su ser y condición exige.

   Del libro del Destino nadie puede
leer sino la línea en que está escrito
lo presente no más. Próvido el cielo 110
al bruto oculta cuanto inspira al hombre;
y a éste cuanto a los ángeles revela.
¿Quién pudiera jamás vivir tranquilo
sin esta oscuridad?... Cuando el cordero
es por su gula condenado a muerte, 115
si él tu razón tuviera, ¿lo verías
tan alegre y lascivo en la pradera
pacer, brincar, y en inocente halago
lamer la dura mano que le hiere?
¡Oh feliz ceguedad de lo futuro! 120
Gracioso don, a todo ser prestado,
porque llene mejor su fin; en tanto
que el sabio Autor en plácido reposo
su obra sublime conservando mira
con ojo siempre igual un vil insecto, 125
a un héroe perecer, en el espacio,
ya un sistema, ya un átomo perderse,

y ampollas de aire o mundos disolverse.

   Refrena, pues, el vuelo de tu orgullo,
y espera que la muerte esos misterios   130
te venga a revelar, y a Dios adora.
El ignorar te deja sabiamente
cuál tu felicidad futura sea;
mas para la presente, una esperanza
que no muere jamás puso en tu seno.   135
Si aquí no eres feliz, tú debes serlo
en otro orden de tiempos y de seres.
¡Oh, cómo el alma inquieta y limitada
reposa y se engrandece en esta idea!

   El Indio pobre en su rudez sumido   140
ve en las nubes a Dios, le oye en los vientos;
ni vanas artes ni orgullosa ciencia
su alma inerte excitaron a elevarse
más allá de la esfera en que el sol brilla;
su pensar, su saber, no van más lejos   145
de lo que alcanzan sus sentidos torpes;
mas la simple natura, de esperanza
no le privó; y allá tras de aquel monte,
cuya cima se pierde entre las nubes,
un cielo él se promete, o se imagina   150
un mundo en cuyos bosques solitarios
libre pueda vagar, o ya en el medio

del mar una isla más dichosa, donde
un cruel conquistador jamás arriba
por saciar la sed de oro, derramando   155
sangre doquier y servidumbre dura
en nombre de su Dios; donde el esclavo

ve su tierra natal, y alegre vive
sin que un amor feroz y avaricioso
en mil modos le oprima, y sin espectros, 160
que la superstición crédula forja,
la paz del sueño y de la noche turben.
Contento de existir, él no desea
ni las alas del ángel, ni la llama
en que arde el serafín, mas se complace 165
en la dulce ilusión de que su amigo,
su perro fiel, será su compañero
allá en el mismo cielo que se finge.

Pero tú eres más sabio... En tu balanza
pesa, pues, tu opinión contra la ciencia 170
del próvido Hacedor, y señalando
dó está la imperfección, di que unas veces
se muestra liberal, otras avaro;
y para darle perfección a su obra,
pon lo que falta, lo que sobra quita, 175
destruye a tu placer todos los seres,
o nuevos cría, y en tu orgullo exclama:
«Si el hombre no es feliz, si no es perfecto,
y si no es inmortal, si en él no emplea
todo su amor y su cuidado el cielo, 180
Dios es injusto», y arrancando osado
el cetro y la balanza de sus manos,
sé dios de Dios, y juzga su justicia.

Amigo, vuelve en ti, de nuestro orgullo
nace todo el error. Nadie en su esfera 185
se puede contener; todos aspiran
a otra mayor: los ángeles ser dioses,
y los hombres ser ángeles quisieran.

Si aspirando a ser Dios se perdió el ángel,
aspirando a ser ángel se hace el hombre   190
de aquella misma rebelión culpable;

pues invertir la eterna ley del orden
es pecar contra Dios, es exponerse
a su eterno designio... y se prepara
la universal disolución del mundo.   195

    Si preguntas ¿por qué los astros brillan?,
si preguntas ¿por qué la tierra existe?
-«Sólo es por mí -responderá el orgullo-
por mí derrama liberal natura,
de frutos y de flores coronada,   200
todos sus dones del fecundo seno;
por mí da en su estación la vid, la rosa
su néctar y su aroma; por mí encierran
las minas mil tesoros, y los vientos
sobre la mar me llevan obedientes,   205
nace el sol a alumbrarme, y es la tierra
mi pedestal, y mi dosel el cielo».

    Mas cuando el sol en sus letales rayos
asoladora peste al mundo envía;
cuando las tempestades, terremotos   210
y erupciones volcánicas arrasan
y sepultan los pueblos y naciones;
¿no se podrá decir que se extravía
natura de su fin, y que en el mundo
reina el genio del mal? -«No, no -responde   215
la voz de la razón que nunca engaña-
pues la primera Causa omnipotente
sólo por leyes generales obra

que invierte rara vez, cuando le place
y nunca sin razón; y el mal permite 220
si a conservar el todo contribuye».
Por esta justa ley, cuanto hay criado,
todo cuanto no es Dios, es imperfecto
y mudable y mortal. El hombre solo
¿no sufrirá esa ley?... Naturaleza 225
tal vez del grande fin que se propuso
de hacer feliz al hombre, se desvía,
y aun el hombre también; ¿qué importa?... El
  orden
de ese desorden aparente nace.

   Aquel gran fin, en sucesión perenne 230
lluvias, calor, serenidad requiere,
o más bien una eterna primavera;
no menos que en los seres racionales
moderación, frugalidad, templanza,
y un orden regular en sus deseos. 235
Pues si en el orden regular no alteran
el designio de Dios las tempestades,
las pestes, y violentos terremotos,
¿lo han de alterar los crímenes infandos
de un Borja, de un Nerón?... Así lo piensa, 240
en el delirio de su orgullo, el hombre
si ve que puede Dios hacer que el vicio
de su justicia a los designios sirva.
¿Quién osará inculpar la Providencia
en el orden moral, si vindicada 245
siempre en el orden natural la observa?
Por una misma regla juzga de ambos;
mas siempre errados vagarán tus juicios
si tu vana razón no sometieres

a la razón universal del mundo. 250

Y ¿no fuera mejor, dirás, que todo
fuese en el mundo físico, armonía
y en el moral, virtud?, ¿que por los vientos,
jamás el mar se viera combatido,
ni nuestro corazón, por las pasiones? 255
¡Necio!, ¿no ves que del perpetuo choque
de los discordes elementos nace,
subsiste el todo, y que los elementos
de tu vida y tu ser son las pasiones?...
Así desde el principio de las cosas 260
el orden general se ha conservado
en la naturaleza y en el hombre.

Y ¿éste a qué aspira? Siempre descontento,
si alza su frente al cielo y se contempla
poco inferior al ángel, más que un ángel, 265
siendo hombre, quiere ser; si sus miradas
después abate al suelo, se lamenta
de no tener la fuerza de los toros
o la piel de los osos, o del ciervo
la rara agilidad.-Si para su uso 270
todas las criaturas hechas fueron
¿de qué le serviría si él gozara
todas las dotes y atributos de ellas?

Órganos, facultades convenientes
a su destino, a cada cual ha dado 275
con mano sabia y liberal, natura;
y en todo justa proporción guardando,
la menos fuerza recompensa en unos
con más agilidad, y otros defectos

de otros repara con mayor instinto. 280
Nada añadirse ni quitarse puede.
No hay bestia, no hay insecto que no sea
tan perfecto y feliz como demanda
su humilde condición. Y ¿para el hombre,
y para el hombre solo, será el cielo 285
ingraciable y cruel?... ¿Y quien se dice
único racional, juzga que nada
en sí tiene, si no lo tiene todo,
siempre quejoso, nunca satisfecho?

¡Hombre!, si un necio orgullo no te ciega, 290
conocerás que el ser feliz estriba
en no pensar ni obrar sino como hombre
y en no aspirar a dotes más sublimes
ni a mayor perfección de la que sufre
tu noble condición y tu destino. 295
Con más delicadeza, tus sentidos
inútiles te fueran y aun dañosos;
si un ojo microscópico tuvieras,
las partes, los menores movimientos
vieras de un arador, mas no gozaras 300
del grandioso espectáculo del cielo;
si más fino tu olfato y tacto fuera,
el choque más ligero, la más dulce
impresión de una flor te causaría
el dolor o la muerte; un trueno horrible 305
fuera cada rumor; siempre aturdido
del armónico son de las esferas
sintieras no escuchar la melodiosa
queja del ruiseñor, del vago viento
el grato susurrar entre las ramas, 310
y el tono adulador del arroyuelo.

Adora, pues, la gran sabiduría
del muy Alto, en los dones que te ha dado;
y en lo que niega, su bondad adora.

   ¡Por la inmensa creación, cuál va la escala   315
de inercia, vida, instinto, pensamiento,
en insensible gradación, subiendo
desde la humilde raza del insecto
a la estirpe del hombre soberana!
¡Qué modificaciones de sentidos!,   320
¡qué grados intermedios desde el topo
a quien odiosa piel la luz le niega,
al lince perspicaz!... ¡De la leona
que al ruido de su presa por la noche
ciega se lanza,[8] al perro cuyo olfato   325
discurriendo le lleva por un rastro
imperceptible, al más remoto objeto!
¡Cuál el oído, cuál la voz creciendo
va desde el mudo pez, a las canoras
aves de abril en la florida selva!   330
¡Qué finura en el tacto de la araña
sobre las redes que afanosa teje!,
¡en cada hilo vivir, sentir parece!
¡Con qué discernimiento va la abeja
libando aun de las plantas venenosas   335
un licor saludable y delicioso!

---

8 Cuando los leones de África salen por la noche en busca de su presa, dan primero un fuerte rugido que pone en fuga a todas las bestias del desierto; entonces, atentos al ruido que hacen al huir, se abalanzan violentamente sobre ellas, llevados por el oído, no por el olfato.

Y en el orden de instinto, si la mente
fijas, ¡qué variedad desde el inmundo
vil cerdo que en el fango se revuelca
al casi racional noble elefante! 340
Y ¡cuán débil barrera se interpone
entre ese instinto y la razón humana!
¡Próximos siempre, y siempre separados?...

¿Quién conocer podrá la estrecha alianza
entre la sensación y el pensamiento? 345
¡Oh, cuántos seres!, ¡cuántas relaciones!
¿Y quién dirá de sus indefinibles
medias naturalezas, cómo tienden
a unirse siempre sin jamás tocarse,
ni menos traspasar esa invencible, 350
esa línea sutil que les separa?

Turba la justa gradación de seres,
y al punto los verás cómo se impelen,
se chocan, se destruyen... y se rompe
la unión, la relación de unos a otros, 355
y de todos al hombre; y si tan varias
facultades y dotes y atributos
están subordinados a ti solo,
porque te cupo la razón en parte
cual un destello de celeste llama; 360
di, pues, que tu razón todo lo abraza,
que tu razón se sobrepone a todos.

Discurre por los aires, corre el globo,
sonda la mar, descubrirás doquiera
la materia agitándose fecunda 365
y pronta a producir. ¡Cuál se dilata

la progresión de seres!, hacia arriba
¡a qué altura se eleva inaccesible!,
en torno ¡qué extensión interminable!,
hacia abajo también ¡en qué insondable　　370
profundidad se pierde!.... El principio
de la cadena es Dios; siguen por orden
ángeles, hombres, bestias, aves, peces,
insectos invisibles. ¡Qué intervalo
del infinito a ti, de ti a la nada!　　375
Si al lugar de los seres superiores
tú aspiraras, al tuyo aspirarían
los seres inferiores, y un vacío
fuera de la creación, donde si quitas
una grada, la escala se destruye;　　380
y, roto un eslabón de la cadena,
la cadena también toda se rompe.

　　Así un sistema de celestes cuerpos
gira obediente a sus centrales leyes
que tienen relación con otros mundos,　　385
que poblarán la inmensidad del cielo.

　　Altera un tanto este orden, porque acaso
de allí esperas un bien, verás que al punto
la confusión de un cuerpo se difunde
a su sistema, y del sistema al todo,　　390
y caerá destruido el universo:
la tierra de su centro sacudida
se escapará de su órbita, y los soles
y planetas irán ciegos rodando
sin ley cierta ni fin; precipitados　　395
los ángeles que rigen las esferas
serán también; los seres sobre seres

se abismarán, y mundos sobre mundos;
del cielo desquiciándose los ejes
vacilará su eterno fundamento, 400
y ante el trono de Dios, Naturaleza
temblará horrorizada al ver abierto
el espantable abismo de la nada.
¿Por quién desorden tanto? ¡Por el hombre!,
¡por un gusano vil!... ¡Oh, cuánto exceso 405
de orgullo, de impiedad y de locura!

¡Qué, si rebeldes nuestros miembros niegan
su ministerio al alma que los rige!,
¡si el pie formado para hollar la tierra,
si la mano al trabajo destinada, 410
oler, gustar, oír o ver quisiesen,
y a cumplir su destino se negasen!...
¡Qué confusión! Pues mucho mayor fuera
si en esta inmensa fábrica aspirara
cada parte a ser otra, desdeñando 415
el empleo y lugar que le ha prescrito
la excelsa mente del Rector supremo.

No son todos los seres sino partes
de este admirable todo cuyo cuerpo
es la naturaleza, y Dios el alma. 420

Dios que igualmente su poder ostenta,
grandeza y perfección creando la tierra
o la esplendente bóveda del cielo,
un átomo sutil o el sol radioso,
un hombre vil que en la miseria gime 425
o el puro serafín que arrebatado
en éxtasis le adora. Para él nada

es alto, bajo, grande ni pequeño;
todo ante Dios es nada. Su inefable
espíritu penetra los abismos 430
del cielo y de la tierra; enlaza, llena
y lo sostiene todo; se transforma
en cada ser, quedando siempre el mismo;
nos calienta en el sol, y nos recrea
con las alas del céfiro; florece 435
en cada planta y en los astros brilla;
inextenso se extiende; indivisible
se difunde doquier; se comunica,
se da sin perder nada; en toda vida
vive y anima la materia inerte; 440
en nuestra alma respira, siente, piensa;
y obrando siempre nunca se fatiga.

    Depón, pues, oh mortal, tu error; no llames
imperfección este orden portentoso
que no conoces bien; tu mayor dicha, 445
quizá de lo que más inculpas, pende;
tu misma ceguedad y tu flaqueza
son dones a tu fin proporcionados.
Entra en ti mismo, piensa en tu destino,
somete tu razón, espera firme 450
ser tan feliz aquí, o en otra esfera,
cual conviene a tu ser, pues Dios lo quiere
y en amor paternal sobre ti vela,
desde el alba a la noche de tu vida,
y de su diestra poderosa pendes. 455

    Es la naturaleza con sus obras
un arte para ti desconocido:
lo que llamas acaso es el efecto

de un gran designio, cuyo fin ignoras;
lo que juzgas discordia es armonía 460
cuyo hermoso concierto no percibes;
y el mal particular que acaso observas
es un bien general. En fin, concluye
que a pesar del orgullo, y en despecho
de la razón ilusa, cuanto existe 465
todo está bien aquí, todo es perfecto.

Lima, 1823.

Epístola segunda[9]

9 De la naturaleza y estado del hombre con relación a sí mismo, considerado como individuo.-Sumario. El hombre después de haber considerado sus relaciones con el universo, debe entrar en sí mismo y conocerse. Este estudio, este conocimiento le conviene más que indagar la naturaleza de Dios.-El hombre es una mezcla de elevación y bajeza, de luz y oscuridad, de perfección e imperfección, de debilidad y de fuerza.-Limitación de sus conocimientos.-Dos principios de nuestras acciones, el amor propio y la razón. Ambos nos son necesarios; y aunque diferentes, tienden a un mismo fin, la felicidad del hombre.-El hombre no puede ser feliz sino concertando con los dos principios entre sí y conteniéndolos en sus justos límites.-Las pasiones nacen del amor propio, y son útiles al hombre y a la sociedad en general.-No debemos destruir las pasiones sino gobernarlas y templar las unas con las otras.-Siempre hay una pasión dominante que somete a las demás pasiones, y aun a la razón, que no pudiendo vencerla se compone con ella y la obedece.-La pasión dominante es necesaria para hacer entrar a los hombres en los designios de la Providencia y para hacer más fuerza a sus inclinaciones y virtudes.-Mezcla de vicios y virtudes es nuestra naturaleza. Ellos se tocan de cerca; sin embargo, la distinción de sus límites es cierta y no difícil de ser conocida.-Oficio de la razón.-El vicio es odioso por sí mismo, pero nos seduce astutamente y nos arrastra. La Providencia se sirve de los vicios y pasiones del hombre para llenar sus fines y el bien general de la sociedad.-Nuestros defectos forman nuestras primeras relaciones con nuestros semejantes. Los hombres se unen porque son débiles: los diversos intereses de cada individuo se confunden en el interés general.-Por esta razón la sabiduría divina distribuye los dones a las diferentes clases de una manera desigual; de donde resulta su mutua dependencia, su unión y su fuerza.-Así cada edad, cada condición tiene sus inclinaciones, su carácter, sus pasiones particulares.-El orgullo y la esperanza nos siguen hasta la muerte, procurando siempre atraer los bienes y alejar

  Conócete a ti mismo, no pretendas
de Dios la esencia penetrar, amigo;
estúdiate a ti mismo, pues el hombre
es el más propio estudio para el hombre.
Como en un istmo colocado, él tiene   5
índoles varias: ya se nos presenta
cual un ser mixto o cual compuesto raro
de calidades entre sí contrarias:
tinieblas, luz, elevación, bajeza,
todos los vicios, todas las virtudes;   10
para dudar escéptico, es muy sabio,
y para alzarse a la fiereza estoica,
muy flaco en su virtud; incierto siempre
si debe obrar o no; piensa, y osado
ya se cree un Dios o ya inferior al bruto   15
si al error y al dolor vive sujeto.

Duda cuál de los dos, si el cuerpo o el alma
es su parte más noble. Nace, vive
para morir, y para errar discurre:
si no oye a su razón, todo es oscuro;   20
si le oye demasiado, nada es cierto:
caos triste de pasiones y de ideas,
a sí mismo se engaña, y por sí mismo
se engaña, sin quedar nunca más cauto;
cediendo a sus impulsos naturales,   25
débil cae y glorioso se levanta;
señor y esclavo de las cosas todas,
sólo de la verdad él juzgar puede,

---

los males.-Así nuestra felicidad nace de nuestra propia imperfección; y la sabiduría del Creador brilla aun en las mismas imperfecciones del hombre.

y a error perpetuo condenado vive.
Este es el hombre: enigma inexplicable;   30
la gloria y el baldón del Universo.

    Ve, pues, ser portentoso, y en las alas
del genio al templo de las ciencias sube;
pesa el aire y la luna; en el espacio
la órbita traza do los astros giren   35
y los raudos e indóciles cometas;
mide la tierra, y encadena al rayo.
Regla el flujo del mar; registra el polo
en frágil tabla y en seguro rumbo;

aventúrate osado por los aires   40
a nuevos mundos y a conquistas nuevas;
o con Platón remóntate al empíreo,
y el eterno ejemplar allí contempla
de lo bueno, lo bello, y lo perfecto;
o entra en el laberinto que formaron   45
sus secuaces después, y di que el alma
la verdad contemplando, desprendida
del ministerio fiel de los sentidos
y del dulce aguijón de las pasiones,
sólo así imita a Dios, como los necios   50
sacerdotes de Oriente, que aturdidos
en el perpetuo giro de su frente
creen imitar al sol; en fin, enseña
a Dios el modo de regir el mundo.
Y después entra en ti..., y confundido   55
reconoce tu error y tu miseria.

    Cuando los seres superiores vieron
de un ser mortal el noble pensamiento

de revelar las leyes de Natura,
se admiraron de que en terrestre forma   60
tanto saber cupiese y tanta audacia.
Pero todo un Newton para ellos era
lo que el simio sagaz para nosotros.
Mas quien dar leyes a los astros puede,
y refrenar los rápidos cometas,   65
¿puede acaso de su alma un movimiento
reglar o describir? A las estrellas
manda nacer aquí y allí ponerse
y él su mismo principio y fin ignora.
¡Cosa admirable! El hombre perfecciona   70
cuanto hay fuera de sí en ciencias y artes,
mas cuando trata de estudiarse él mismo,
todo es duda y error... ¡Ay!, cuanto trama
el día de la razón, tanto la ciega
noche de las pasiones lo deshace.   75

   Dos principios de acción hay en el hombre:
amor propio y razón. El uno evita,

la otra contiene; aquél siempre nos mueve
a buscar el placer y evitar siempre
la pena y el dolor; ésta modera   80
el ímpetu y ardor de las pasiones.
Ambos son buenos, útiles, nocivos,
según llenan su fin, cual es movernos
a que amemos el bien y el mal huyamos.

   Cual potencia motriz, el amor propio   85
nos da el impulso, y la razón exacta
en su balanza fiel compara y regla
la acción y movimiento que de él nace.

Extirpa el amor propio: el hombre al punto
en inerte reposo yacería; 90
quítale la razón, y no habrá entonces
ni modo ni designio en las acciones.
¿Qué fuera el hombre así?, planta que nace,
vegeta, se propaga, en fin, se pudre;
o cual meteoro que sin ley vagando 95
destruye cuanto encuentra, y se disipa.
El principio motor es el más fuerte:
activo y eficaz incita, impele;
el principio rector, quieto, sereno,
dando consejo y luz, llena su oficio, 100
deliberando y conteniendo siempre.
El amor propio nuevas fuerzas cobra
mientras mira más próximo su objeto;
por la presente sensación conoce
el bien que anhela y el placer; en tanto 105
que la razón el bien mira en distancia,
lo examina y previene sus defectos.
De nuestra propensión los movimientos
más fuertes nos asaltan, más frecuentes
que no las voces de razón: mas ésta 110
o dirigirlos sabe, o suspenderlos,
siempre velando y persuadiendo siempre;
todo su arte y poder, toda la fuerza
en no dejarse sorprender consiste;
y si vence una vez, su afán, su imperio 115
se hace fácil, y aun grato repetido.

Así por grados la razón se afirma,
y así queda también el amor propio

contento y útilmente reprimido.

    Que el sutil escolástico más diestro   120
en dividir lo que Natura uniera,
que en componer y unir, sude, se afane
por hacer que entre sí pugnen discordes
ambos principios por esencia amigos;
neciamente sagaz rompa, divorcie   125
la razón de las gratas sensaciones
y la virtud de las amables gracias;
-doctores cuya ciencia toda estriba
en hacerse cruel guerra sobre nombres
sin jamás entenderse y muchas veces   130
entendiendo lo mismo; y cuya gloria
es el no darse nunca por vencidos.-
Dejemos que ellos la verdad ofusquen
con gritos y perpetuas distinciones,
y quedemos nosotros convencidos   135
que amor propio y razón a un fin conspiran.
Ambos por el placer o el dolor sienten
afecto o aversión irresistible.
Más impaciente aquél, se precipita
sobre su objeto y devorarlo quiere;   140
es la razón más próvida, más sobria,
y sin ajar la flor, la miel extrae.
El bien, el mal, del uso moderado
de los placeres naturales viene.

    Las pasiones no son sino amor propio   145
bajo formas diversas: las excita
del bien ya verdadero, ya aparente,
o la presencia o la esperanza; y como
no todo bien comunicarse puede,

y todos conservarnos, mejorarnos 150
o por instinto o por razón debemos,
pasiones hay, que no dañando a nadie,
aun en sí concentradas, serán buenas;
la razón en su bando las admite,

las cuida, las fomenta; otras pasiones 155
posponiendo su bien al bien ajeno
y a la salud y gloria de la patria,
son nobles, generosas y sublimes;
la razón las aplaude y las admira,
y de alguna virtud les presta el nombre. 160

   En su inerte indolencia que se jacte
el fiero estoico; su virtud inmóvil
es cual monte de hielo; a sus entrañas
todo el calor retira y se adormece.
¡Dura y necia virtud! La virtud cierta 165
vive en la acción y en el reposo muere.
Cuando una tempestad nace en el alma,
eso la impele a obrar; su acción repara
el mal parcial, y se preserva el todo.

   Sobre el océano de la vida vamos 170
siempre agitados; la razón nos sirve
de norte, y las pasiones son los vientos;
sin ésa, no salvamos los escollos;
sin éstas, en quietud nos consumimos,
y es un lago mortífero la vida. 175
Ni Dios ama el reposo: de improviso
sobre las alas de los vientos vuela,
o de las tempestades en el carro

atronando los cielos se pasea.

La esperanza, el amor, que en torno vuelan 180
del amable placer; la pena, el odio,
familia del dolor; compasión, ira,
rigor, piedad y todas las pasiones
son, cual los elementos naturales,
discordes entre sí, mas, combinados, 185
principios dan de producción y vida;
regladas, concertadas ellas marchan
por do quiere natura y así llenan
el fin de la creación, el bien del hombre.

Usar, gozar, templar, no extirpar debes. 190
¡Qué!, lo que constituye el ser del hombre,

¿el hombre mismo deberá extirparlo?-
No. Del mismo contraste de pasiones
nace el concierto, nace la armonía
de las operaciones de nuestra alma. 195
Son la sombra y la luz, que bien mezcladas
prestan la consistencia y colorido
a este cuadro fugaz de nuestra vida.

Nos brinda con placeres por doquiera
oficiosa Natura, y cuando cesa 200
el goce de un placer, ya otro se goza
con la imaginación y la esperanza.
El alma, el cuerpo sin cesar se ocupan
en retener y procurar placeres.
Cada placer con su atractivo propio 205
mueve, mas no igualmente nos seduce,
pues cada objeto de diverso modo

afecta los sentidos; de allí nace
la varia sensación; y de esta fuente,
según tienen los órganos más fuerza   210
o más debilidad, varias pasiones
más o menos violentas se arrebatan.

   La pasión dominante de ellas crece,
y crece a reinar sola, y semejante
a la sierpe de Aarón, todas las otras   215
traga y devora y las transforma en ella.

   Como el hombre al nacer consigo trae
un principio de muerte, que le arrastra
sin sentido quizás hasta la tumba,
y este germen mortífero en su seno   220
crece con él, con él se fortifica;
así infusa, mezclada en la substancia
la enfermedad del alma nace, alienta,
se torna en la pasión que le domina,
y todo la obedece: los humores   225
y espíritus vitales, atacando
la parte flaca, a su poder conspiran;
todas las propensiones más ardientes
del corazón, la fuerza del ingenio
desde que el alma a desplegarse empieza,   230
todo le sirve bien; y los prestigios
de la imaginación al fin acaban
de afirmar los derechos de su imperio.

   Natura le da el ser, y la costumbre
es la asidua nodriz que la mantiene;   235
el genio y los talentos más excitan
su altiva condición y predominio;

aun la razón halaga esta enemiga,
consiente en su poder y lo fomenta;
tal el sol con sus rayos más benignos 240
vuelve más acre el jugo fermentado.
¿Qué puede la razón?... La débil reina
el cetro cede a quien mejor le agrada,
y nosotros sus míseros vasallos
creemos obedecerla al tiempo mismo 245
que a un vil privado suyo obedecemos.

Si ella luchar nos manda y en vez de armas
nos da para vencer sólo lecciones,
¿hace más que mostrar hasta qué grado
somos los hombres débiles y necios? 250
Si reprende severa, nos enseña
a quejarnos no más, no a corregirnos;
si amiga exhorta, ¿presta otro consuelo
que decir que no alcanza a consolarnos?
Y si de juez en defensor se vuelve, 255
la elección que intentamos nos aplaude,
o la que ya hemos hecho justifica;
y fiera con sus fáciles conquistas,
las pasiones más débiles enfrena
para que la más fuerte triunfe sola. 260
Así presume un médico que expele
los humores que en una parte dañan,
cuando sin conocerlo, reunidos
van a otra parte a producir la gota.

¿Será fuerza extraviarse? No, que abiertas 265
están doquier las sendas de natura.
Marcha por ellas; siempre te acompañe
de escolta la razón, si no de guía.

Ella sabe reglar nuestras pasiones,
no destruirlas, y a la dominante 270
trata sagaz como si fuese amiga;
un poder superior infunde en todos
esa fuerza eficaz que nos impele
a los diversos fines que él previene;
ella arribar nos hace al puerto, mientras 275
por las demás pasiones combatidos,
cual por vientos variables, fluctuamos
sobre este mar inquieto de la vida.

   La pasión dominante el caro objeto
no abandona jamás: si nos excita 280
el poder, el saber, la gloria, el oro,
si el amor del reposo, que es más fuerte
acaso que los otros; en pos de ellos
corremos sin cesar y aventuramos
por ellos honra y vida... En sus afanes 285
el mercader, en su indolencia el sabio,
el monje en su humildad, y en su fiereza
un gran conquistador todos encuentran
la razón complaciente de su parte.

   Mas el Autor eterno, que el bien hace 290
nacer del mismo mal, de las más nobles
y laudables acciones el principio
de esa pasión indómita deriva.
Así del hombre fija la inconstancia,
y la virtud al natural mezclada 295
se hace más firme, y ambos se mejoran;
y así alma y cuerpo de concierto operan.

   Cual los ramos estériles e ingratos

en tronco ajeno injertos fructifican,
así de las pasiones brotan, crecen 300
grandes virtudes, cuya raíz se nutre
del fuerte jugo del salvaje tronco.

¡Oh, cuántas veces del temor, del odio,
o de la obstinación y la tristeza,
nacieron hechos dignos de escribirse 305
en los curiosos fastos de las ciencias
y en los de la moral y de la gloria!
Aun la ira y la venganza suplir saben
el celo y el valor; de la avaricia
nace la precaución; de la pereza 310
la modestia quizá y la templanza;
el impulso sensual dentro su esfera
es amor noble y tierno que enamora
el corazón del sexo delicado;
aun la envidia, tormento de almas viles, 315
de noble emulación sirvió al que sigue
de Minerva o de Marte las banderas;
y casi no hay virtud en ambos sexos
que de orgullo o vergüenza no proceda.

   Así nos da natura las virtudes 320
que más cercanas son y más conformes
al vicio predilecto: él las produce.
¡Cuánto este origen nuestro orgullo humilla!
Mas la razón al bien siempre endereza
la mala propensión; y si sus voces 325
escuchara Nerón, reinara el monstruo
como un Tito, delicias de la tierra.
La impavidez y la fiereza de alma
que en Catilina se detesta, admira

en los dos Decios, nos encanta en Curcio.   330
Y la misma ambición salvó un Estado
o lo vendió vilmente, y dio mil veces
libertad o cadenas a su patria.

   ¿Quién de este caos de vicios y virtudes
podrá apartar la luz y las tinieblas?   335
¿Quién sino Aquel que en el antiguo caos
ensayó su poder, está en nosotros?

   En la naturaleza de las cosas
los extremos se tocan y producen
fines iguales, y en el hombre se unen   340

para usos que no alcanza, y se confunden
unos en otros, como en las pinturas
de un eximio pincel, claros y sombras
se juntan en unión imperceptible.
¿Quién podrá, pues, trazar la sutil línea   345
do acaba la virtud y empieza el vicio?

   Y ¿quién tan necio, que por esto infiera
que no hay ni vicio ni virtud?- Si el blanco
con el negro color se une y se mezcla
diversamente, y si de allí resaltan   350
colores infinitos, engañando
con su exterior, ¿dirás del mismo modo
que no hay blanco, ni negro?... Ve y consulta
tu propio corazón: él siempre ha sido
de la moral oráculo seguro,   355
y su lenguaje es claro al que consulta
con ánimo sincero... ¡Ay!, mayor tiempo,
más fatiga nos cuesta el engañarnos.

Es en sí el vicio un monstruo tan horrible
que, para detestarlo, basta verse. 360
Mas por grados su horror sabe ir perdiendo:
ya se hace familiar, lo consentimos
por gracia, por piedad, y al fin nos manda.
Mas nunca convenimos sobre el punto
donde el extremo de algún vicio yace. 365
Nunca jamás lo hallamos en nosotros:
siempre está más allá o en el vecino.
Así si aquí pregunto dó el sur mora,
responderán que en Lima; allá, que en Chile,
y en el Chile dirán, que en Patagonia; 370
¿y allí?, quién sabe dónde... Aun los que viven
bajo una misma zona se acostumbran
al rigor de su cielo, y se imaginan
que otro cielo será más rigoroso...
La que un buen natural huye y detesta 375
como inhumana y torpe acción, la misma
por un genio más áspero y agreste
es tenida por justa y generosa.

 Todo hombre es bueno o malo; aquí no hay medio,
mas en un grado extremo, nadie o pocos. 380
El loco y el malvado sus accesos
lúcidos de razón y virtud tienen;
y también por accesos hace el sabio
lo mismo que reprueba en su doctrina.

 El bien o el mal hacemos sólo en parte: 385
y el amor propio toda acción dirige
de vicio o de virtud. Cada uno tiene
un fin, su propio bien; y tantos fines

diversos el Eterno subordina,
a su único gran fin, el bien del todo. 390

   Él hace que a este fin supremo sirvan
la necedad humana y las pasiones;
las torres del orgullo Él desbarata,
y los planes del vicio desconcierta.
Una feliz flaqueza en cada clase 395
con arte distribuye: a las doncellas
da pudor, y altivez a las matronas,
temor al estadista, a los guerreros
temeridad, al juez encogimiento,
fiereza al rey, credulidad al pueblo; 400
aun de la vanidad que no conoce
otro fin, otro bien que su alabanza,
hace nacer virtudes muy laudables;
y en fin, nuestros defectos, nuestras mismas
necesidades labran la ventura, 405
la paz y gloria del linaje humano.

   No puede ser feliz el hombre solo,
ni solo vivir puede. El cielo quiso
que en todo dependiesen unos de otros:
de aquí las varias relaciones nacen 410
sin las que nadie subsistir pudiera.
Padres, amos, domésticos, amigos,
cada uno es débil, mas si se unen, todos
son fuertes y felices. Este lazo
la sociedad conserva; en ella siempre 415

cada cual su interés propio buscando
del interés común estrecha el nudo.
Nuestra debilidad, nuestras pasiones

la mutua dependencia hacen tan grata
como ella es necesaria; ella produce 420
el amor tierno, la amistad sincera
y este encanto secreto que nos hace
la vida siempre amable; y nos enseña
a resignar, si ya la edad declina,
los gustos, los amores y afecciones 425
tan dulces otro tiempo. Así aprendemos
ya por razón o ya por decadencia
de nuestro ser, a no temer la muerte,
a saludarla cuando ya se acerca
y a pagar ledos el fatal tributo. 430

    Por este medio prodigioso el hombre
no sólo llena el plan, sino lo llena
por elección y con placer. Por esto
en cualquiera pasión que le atormente
de saber, de placer, gloria o riqueza, 435
nadie su condición cambia con otro.
Se cree feliz el sabio con su ciencia,
y el ignorante, porque no sospecha
que haya más que saber de lo que él sabe;
es el rico feliz con su tesoro, 440
y el pobre, contemplándose el objeto
sobre quien vela más la Providencia;
alegre canta el ciego; el mudo danza;
el fatuo un rey, un héroe se imagina;
muere el químico de hambre y es dichoso 445
sobre manera en sus delirios de oro;
y nadie es tan feliz como el poeta
de estériles laureles coronado.

    Es un don celestial este contento

que en toda situación siente todo hombre.   450
Un amigo común es este orgullo
que nunca falta a nadie. Las pasiones
propias de cada edad nos estimulan
en las épocas varias de la vida;
y la esperanza, en fin, que nos alienta   455
vive en nosotros, con nosotros muere.

   Hasta este punto cierto, inevitable,
la opinión, dulce error de los humanos,
con sus cambiantes rayos embellece
las nubes de la vida... Es compensada   460
la falta de razón con el orgullo,
y la falta de un bien, con la esperanza...
¡Orgullo y esperanza! Si en la copa
de la locura el gozo bulle y ríe,
y cual su espuma se disipa luego;   465
si la razón alguna ilusión grata
con su luz disipare, otra renace,
y otras después cual olas se suceden.

   En los bienes y males, caro amigo,
la bondad de natura reconoce.   470
Miseria, error, pasión, nada es inútil,
la misma vanidad no es un don vano;
y ¡oh!, ¡cuántas veces aun el amor propio
que poco generoso, de tus solas
necesidades afanoso cuida,   475
por una fuerza superior te lleva
a contemplar y consolar las de otro!
Conoce, en fin, tu ser y tu destino,
y abraza esa virtud consoladora,
que aunque es el hombre miserable y necio,   480

el Ser que lo conserva es bueno y sabio.

Guayaquil, 1940.

Epístola tercera[10]

Dios por diversas y constantes leyes
llena el fin que creando se propuso.
Fíjate, amigo, en este pensamiento,
ya en la embriaguez que nos infunden siempre
la robusta salud, el vano orgullo,   5
y la insolencia del poder y el oro,
ya si lecciones damos a los hombres,
o si votos al cielo dirigimos.[11]

---

10 De la naturaleza y estado del hombre con relación a la sociedad.-Sumario. Llena Dios los fines que se propuso en la creación por medio de la variedad de sus leyes.-Una cadena de amor une a todas las criaturas; y ni ninguna es por siempre durable, tampoco perece enteramente. Se engaña el hombre si piensa que sólo para su placer y sustento son las obras de Dios.-Las criaturas todas son partícipes de sus beneficios; y el hombre por su propia conveniencia cuida, alimenta, defiende a los seres que no están dotados de su razón.-El mismo guía al animal, la razón al hombre: el primero es más seguro que la segunda.-El germen de su felicidad está en cada ser; y de las necesidades mutuas de todos nace la felicidad común.-Todos los seres son vivificados por un mismo fuego, por el amor, origen de todos los vínculos.-El hombre no vivía en el estado natural sin ley y sin freno: la dulce ley de unión le enlazaba con todas las demás criaturas, y viviendo en comunidad no se temían unos a otros.-Decayó el hombre de su inocencia primitiva, y nuevas necesidades dieron origen a las artes, que no son otra cosa que la mejora de las prácticas enseñadas por la naturaleza.-Edifica pueblos, forma sociedades; nacieron el comercio, el gobierno y las religiones y se establecen los gobiernos y las leyes...

11 Como este verso ha dado en otro tiempo ocasión a críticas reñidas y controversias, no será inútil observar que los moralistas deben sobre todo enseñar a los hombres, que Dios se propone el bien general de

Contempla el mundo, observa la cadena
　　de amor que une entre sí todos los seres.　　　10
　　Siempre fecunda fórmalos natura;
　　y apenas sueltos de sus manos, corren,
　　se buscan, se aman, se unen... La materia
　　bajo diversas formas animada
　　tiende a un centro común, obedeciendo　　　15
　　esta ley general, el bien del todo.

　　　No hay un ser, no hay un átomo siquiera
　　que exista solo. De las plantas vive
　　el animal, y del despojo de éste,
　　vense nacer y vegetar las plantas.　　　20
　　Nada dura, también nada perece.
　　Las formas pasan y suceden nuevas,
　　nacen para morir los seres todos;
　　mas para renacer, mueren, cual pompas
　　infladas de aire, que del mar inquieto　　　25
　　se alzan, se rompen y a la mar retornan.

　　　Un alma eterna que doquier existe,
　　que lo dispone y lo conserva todo,
　　enlaza todo ser; el fuerte al débil,
　　el mayor al menor. El bruto al hombre,　　　30

---

su mundo con preferencia al bien de los individuos; y que al dirigir nuestros votos al cielo no debemos pedir nada que sea contrario al fin del Criador.-Este es el pensamiento de Pope, y no puede ser más justo, ni más religioso. Según el dogma del cristianismo, Dios es el primer fin de todo; y el bien particular de los individuos es el objeto de una Providencia particular subordinada a la Providencia general que conserva y rige el Universo.

el hombre sirve al bruto... La cadena
jamás se quiebra, ¿pero dónde acaba?

   ¿Piensas que cuando Dios formaba su obra
tú solo estabas en su excelsa idea,
y que salió de su reposo eterno 35
sólo por darte ser, placer, sustento?
¿Sólo por ti? ¡Insensato! Quien prepara
para tu mesa el recental gracioso,
antes pasto le da fácil y grato,
y para él los collados reverdecen. 40
¿Será por ti que el ruiseñor doliente
llena el bosque de trinos melodiosos?
No. Es amor quien enciende sus pupilas,
placer quien hace trémulas sus alas;
él sus amores y placeres canta. 45
El fogoso bridón que en pompas riges,
parte la gloria y el placer contigo;
los pájaros del cielo las primicias
recogen de los frutos que tú siembras;
de las doradas mieses de tu campo 50
cobra el buey su salario merecido;
y aun el cerdo que ni ara, ni obedece
jamás tu voz, de ti servido vive,
de ti que rey te jactas de la tierra.

   Cual tierna madre a todo ser natura 55
dispensa su bondad. La piel que abriga
los reyes, antes abrigó a los osos.
Y cuando tú, hombre, exclames: «¡todo es mío!»,
«Mío es el hombre», te repone el ánsar
viendo el afán que pones en servirle 60
y en regalarle siempre; él en su esfera

no raciocina mal, porque no alcanza
que si le sirves, es por devorarlo.
Mas así como el ánsar, yerra el hombre
con toda su razón, si cree que el mundo   65
es formado para él, no él para el mundo.

Mas esta ley del fuerte sobre el débil,
y este don de pensar ¿no dan al hombre
su derecho al imperio? Bien, permito
que él rija el mundo y su tirano sea.   70
Mas Natura somete ese tirano
a los seres que él dice que domina:
él los cuida y defiende. ¿Quién vio nunca
el lobo perdonar a los corderos,
movido de piedad por su inocencia?,   75
¿o el halcón que se lanza de las nubes,
perdonar la paloma, por los bellos
matices de su cuello?, ¿o el milano
dejar en paz al ruiseñor, que suele
turbar con su querella melodiosa   80
por las noches el bosque silencioso?

Sólo el hombre de todos cuida, sea
por placer o interés, y las más veces
por fasto y vanidad; él da sus bosques
a las aves, sus prados a las bestias,   85
sus estanques al pez, y aun vemos que alza
a las fieras palacios y jardines;
todos viven por él, y su regalo
es efecto del lujo de su dueño,
el cual del hambre y de otras garras libra   90
todos esos cautivos tan cuidados,
que a su gula exquisita se reservan.

  Ellos contentos hasta el plazo viven;
y como heridos de improviso rayo,
sin prever, sin sentir la muerte, mueren; 95
mas vivieron al fin. También los hombres
servidos y sirviendo, hasta su plazo
gozan como ellos, y como ellos mueren.

  Sólo al irracional el cielo niega
la previsión inútil de su muerte. 100
Al hombre se la dio, pero de modo
que poniéndole siempre en perspectiva
un porvenir feliz, le da un objeto
de esperanza en el término temido.
La hora es oculta; sin cesar se avanza, 105
mas nunca recelamos que está cerca.
¡Oh portento continuo! Bondadoso
esta grata ilusión concede el cielo
sólo a los seres que prevén y piensan.

  Pero todos, estén o no dotados 110
de instinto o de razón, todos reciben
las dotes propias de su ser, y pueden
buscar y hallar el bien que les conviene.
Los que en su instinto tienen una regla
que nunca los engaña ¿necesitan 115
para vivir de cánones o bulas?
¿Cuál preferir? Altiva de sus dotes
no sirve la razón sino por fuerza,
sólo llamada viene, y aun llamada
viene si quiere, mientras el instinto 120
cual oficioso amigo, siempre asiste,
no abandona jamás, presto y derecho

va a la felicidad sin engañarle.

La razón inconstante, perezosa,
libre para extraviarse, se extravía, 125
pasa el blanco, o no llega, y no se afana.
Si el bien se ve de lejos, el instinto
vuela a su objeto; la razón se arrastra:
en aquél uno solo es el principio
que impele a obrar y que compara; en ésta 130
los principios son dos, que separados,
y acordes rara vez, fuente perpetua
son de engaño y error entre los hombres.

   Alza, pues, la razón sobre el instinto
cuanto quieras; mas piensa que dirige 135
Dios al instinto, a la razón el hombre.

   A las tribus que el mar y el campo pueblan,
¿quién buscar les enseña su alimento,
huyendo del nocivo y ponzoñoso?,
¿quién les hace prever la alta marea?, 140
¿quién la borrasca, y para defenderse
edificios formar sobre las aguas,
o bóvedas alzar bajo la arena?
¿Quién enseña a la araña artificiosa
a tirar y cruzar, aun más seguro 145
que el geómetra mejor, sus paralelas
sin regla ni compás?, ¿y a las cigüeñas,
imitando a Colón, buscar osadas
mundos ignotos en extraños cielos?,
¿quién las reúne?, ¿quién señala el día 150
de la partida, el término del viaje?,
¿quién dirige en los aires la colonia?

Dios puso en cada ser el germen propio
de la felicidad que le conviene;
mas como Él hizo un todo, que debía   155
ser felice también, su fin llenando,
dispuso en su saber que de las mutuas
necesidades de los seres todos,
la universal felicidad naciera.

Este orden simple, eterno, el universo   160
conserva, en gratos nudos enlazando
cada ser a otro ser, el hombre al hombre.

   Cuanto bajo del sol vivificante
en el aire y la tierra y mar se mueve,
goza de una común naturaleza,   165
y un calor mutuo, un alma siempre activa
por todos difundiéndose igualmente
los anima y conserva y perpetúa,
sus gérmenes geniales fecundando.
Así el hombre, y así los otros seres   170
que los bosques, la mar y el aire pueblan,
todos se aman y se aman en los otros;
pues cada sexo un mutuo ardor sintiendo,
se buscan, se requiebran, no se aquietan,
hasta que con dulcísimo transporte   175
ambos seres en uno se confunden.
No aquí cesa el placer, no el amor cesa;
que al verse ya reproducidos, se aman
tercera vez en su naciente prole;
ambos la cuidan: la amorosa madre   180
la nutre, el fuerte padre la defiende;
la ensayan a volar, y cuando diestra

tendiendo el vuelo desampara el nido,
cesa el instinto y el amor paterno.
Entonces ya los padres la abandonan,   185
y libres buscan en distinta selva
nuevo amor, nueva raza en nuevo nido.

  Más débil, más inhábil en su infancia
mayor cuidado necesita el hombre;
y este mayor cuidado, entre hijos, padres   190
los lazos forma, que después confirma
el tiempo y la razón; el amor mutuo
con el grato interés de amarse, crece.
Elegimos, amamos, se transforman
nuestras mismas pasiones en virtudes.   195
Comunes males, mutuos beneficios,
benevolencia y gratitud engendran;
a una generación otra sucede;
y el amor natural, o el de costumbre
las conservan y enlazan; así el niño   200
cuando llega a ser hombre, mira al padre
exhausto con la edad, y la memoria
de su niñez, la previsión funesta
de la vejez, a socorrer le excitan
al desvalido autor de su existencia.   205
Así la gratitud y la esperanza
el interés recíproco sostienen
y sin cesar la especie regeneran.

  No pienses que el mortal ciego y sin freno
en el estado natural vivía;   210
él observó la ley que Dios, por medio
de la razón y el corazón, dictaba.
El amor propio y el social nacieron

con la creación, y enlaza desde entonces
la dulce ley de unión todos los seres. 215
El orgullo, las artes que lo excitan,
eran desconocidos, hombres, brutos
erraban sin dañarse ni temerse,
y en común disfrutaban mesa y lecho,
que natura doquier les preparaba. 220
No sangre ajena derramaba el hombre
para buscar abrigo y alimento;
un bosque, donde en himnos no aprendidos
a su Padre común alaban todos,
era su templo, y el altar no estaba 225
ni ornado en oro, ni teñido en sangre,
ni de ministros ávidos servido.
El sabio Autor su mundo conservaba:
regido en equidad fue dado al hombre
y usar de todo y abusar de nada. 230

¡Cuánto de esta inocencia primitiva
el hombre decayó! Pierde por grados
el horror a la sangre, e insensible
al clamor general, mata, devora
la mitad de los seres animados, 235

y cruel la especie de ellos destruyendo,
la suya propia pérfido corrompe;
la sangre extraña envenenó la suya,
y quedaron las víctimas vengadas.
Fiebres, dolores, males ignorados, 240
de intemperancia tan feroz nacieron;
y nacieron pasiones infernales,
que dieron a los hombres en el hombre

un enemigo tan atroz como ellas.

 En otra edad, necesidades nueva 245
s produjeron las artes; el instinto
dirigió la razón. Naturaleza
dijo entonces al hombre: «Rey del mundo,
ve y aprende a vivir de aquellos seres
que oprimes y desprecias: que las aves 250
te señalen los frutos y los granos
que te nutran, y aprende de los brutos
la virtud saludable de las plantas;
a fabricar te enseñará la abeja;
a hilar, la araña, y a labrar el topo; 255
a tejer, el insecto artificioso
que en hilos de oro su vellón enreda;
y a dominar las olas, el nautilo
dando remos al mar y vela al viento.[12]

 En el orden moral, también del bruto 260
razón y modo de vivir aprende
y de la sociedad todas las formas:
aquí verás palacios soterráneos;
allí ciudades aéreas, populosas,
suspendidas en árboles. Observa 265
de cada pueblo el genio y el gobierno:

---

[12] El nautilo es un pez que volviéndose sobre su concha, que tiene la figura de una navecilla, nada en el mar alzando sus patas delanteras como dos mástiles, entre las cuales se extiende una membrana en forma de vela, y se sirve de las dos patas traseras como de remos.-Comúnmente se ve este pez en el Mediterráneo. Se encuentran también nautilos fósiles en los arenales de Grignon y en algunos otros lugares de Francia y de Inglaterra.

en república viven las hormigas;
en monarquía labran las abejas;
aquéllas en común vastos graneros
forman, llenan, consumen y te ofrecen 270
el ejemplo, tan raro entre nosotros,
de independencia y libertad, con orden.

En un diverso estado las abejas
se afanan sin cesar; admira cómo
cada cual en su nicho separada 275
sin pechos, ni inquietud, bajo un rey vive,
y de su propiedad goza segura.
Observa, en fin, que ese orden y esas leyes
son simples, sabias, invariables siempre
cual la naturaleza y el destino. 280
Mas tu razón con todo su discurso
no hará más que prender con mayor arte
en la red de las leyes la justicia;
lazo que rompe el criminal potente,
y al inocente desvalido oprime; 285
o contra la equidad prevaleciendo
el rigor del derecho, transformado
será el sumo derecho en suma injuria.
Empero, a tu poder, hombre, somete
todos los seres, todos te obedezcan, 290
y las artes sagaz perfeccionando
que el instinto creó, que te levanten
como a rey trono, como a dios altares».

Habló Natura, y obedece el hombre:
dejó los bosques, fabricó ciudades, 295
se ayuntó en sociedad, se formó un pueblo;
cerca de él otro nace, y después ambos

o por amor o por temor se unieron.
Aquí en más dulce clima, ricos frutos,
allí en valles regados de aguas puras, 300
más abundosos pastos y rebaños.
Lo que faltaba a cada cual, y pudo
arrebatar con armas, permutando
se le brindó el comercio, y tornó amigo
el que tal vez como enemigo vino. 305
Trato y amor estrechamente unieron
los hombres entre sí, cuando no había
más leyes ¡oh Natura!, que las tuyas,
ni más imperio ¡dulce amor!, que el tuyo.

   Así varios estados se formaron, 310
y era el nombre de rey desconocido;
hasta que el bien común, cual ley suprema,
puso el poder en manos de uno solo.
Obtuvo la virtud el primer cetro,
y esta misma virtud, que difundiendo 315
los bienes de la paz y de la guerra,
el respeto y amor filial excita,
hizo del rey un padre de su pueblo.
Y coronado por Natura entonces
cada patriarca en su naciente estado 320
fue a un tiempo rey y sacerdote y padre,
y acatado cual otra Providencia,
fue oráculo su voz, ley su mirada;
él evocó del surco, sorprendido,
la nutritiva mies; enseñó el arte 325
de usar de todo, y en el mar y el bosque
prender el pez, domesticar las fieras
abatir a sus pies la águila altiva,
frenar las ondas, dominar el fuego;

feliz, hizo felices, hasta el punto 330
en que ya débil y a vejez rendido,
quien, viviendo, cual dios fue venerado,
como triste mortal, llorado muere.

De padre a padre remontando entonces,
el hombre un primer ser halla y le adora; 335
o bien por tradición constante, antigua,
cree que el mundo debió tener principio;
al Criador de la creación distingue,
y admite un solo Dios. Y antes que hubiese
ofuscado el error esta luz pura, 340
vio el hombre el mundo, y cual su Autor
 supremo,
vio que todo era bueno, y por las sendas
fue del placer a la virtud seguro.
Adoró un padre en Dios; sólo amor era
su fe, su religión, ni otro derecho 345
divino conoció que el de Natura;
nada temió de Dios, que un Ser supremo
sólo bondad suprema ser podía;
religión y política marchaban
de concierto, y un solo fin tuvieron: 350
aquélla amar a Dios y ésta a los hombres.

¿Quién fue el primero que enseñó a los pue-
 blos
débiles o vencidos, que han nacido
para uno todos? Bárbara, execrable
excepción a las leyes de Natura, 355
que envileciendo la creación, en todo
trastorna el mundo y contrarresta el cielo.
El fuerte dio la ley, y la conquista

era el derecho. Mas de horror llenando
superstición el alma del tirano, 360
partió luego con él la tiranía;
medra a la sombra del poder y nombra
dios al conquistador, al pueblo esclavo;
ella, atenta a su plan, cuando sentía
tronar la nube, fulgurar el rayo, 365
bramar los montes y temblar la tierra,
anunció con misterio y amenaza
deidades invisibles, poderosas
que implorase el soberbio y ante quienes
se postrasen los débiles temblando; 370
a su mágica voz lanzaron luego
el cielo dioses y el abismo furias;
aquí fijó el Elisio, allí el Averno;
forjó el temor entonces sus demonios
y la esperanza tímida sus dioses, 375
dioses crueles, mudables, vengativos,
torpemente sensuales, cual formados
por tiranos, que en ellos no buscaban
sino ejemplos y cómplices del crimen.
En vez de caridad, el falso celo 380
armado impera, y el rencor sagrado
forjó un infierno y el orgullo un cielo;
la bóveda celeste ya no atrajo
las plegarias como antes; no se oraba
sino en templos magníficos; de mármol 385
ya fue el altar, y se regaba en sangre.

Empezó el sacerdote a saborearse
con carne de las víctimas, y presto
de sangre humana el ídolo salpica;
y en silencio y terror puso a la tierra 390

con el rayo de Dios; y aun de Dios hizo
un instrumento cruel de sus venganzas
o un ministro oficioso y complaciente
de todos sus caprichos y pasiones.

    Por estas artes concentrando el hombre   395
todo su amor en sí, se procuraba
riquezas y poder, gloria y placeres;
mas este amor, que atropellaba ciego
leyes, derechos, equidad, decoro,
por dar satisfacción a sus deseos,   400
siendo a todos común, al fin produjo
el freno que pudiera reprimirle:
gobierno y leyes. Pues si alguno quiso
un bien que los demás también querían,
la voluntad del uno contra todos   405
¿pudo prevalecer? ¿Cómo seguros
gozar y conservar lo que nos puede
en medio el sueño y en el claro día
o sustraer la astucia del más débil,
o arrebatar la audacia del más fuerte?   410

    Preciso fue ceder alguna parte
de libertad y natural derecho,
para vivir tranquilos, y que todos
unidos de concierto defendiesen
su propiedad, la de otros defendiendo.   415
Aun los reyes se vieron obligados
a ser por su interés justos y buenos.
Fue así que corrigiendo el amor propio
su impulso natural, depender hizo
el bien individual del bien de todos.   420

>   Entonces felizmente se levanta
> un genio superior y generoso,
> de Dios ministro, amigo de los hombres,
> leal patriota o inspirado vate,
> que la moral sublime de natura 425
> y su fe primitiva restablece;
> de la luz natural el brillo antiguo
> reanima, mas no enciende una luz nueva;
> de la divinidad sobre la tierra
> si no la imagen, nos mostró la sombra;[13] 430
> a los pueblos y reyes juntamente
> enseñó sus deberes y derechos
> y a no llevar ni tensas ni muy laxas
> las delicadas riendas del gobierno;
> él proclamó el principio, que no puede 435
> existir sociedad feliz y libre
> donde no estén los miembros ordenados
> de modo que, oprimido uno, se sienta
> por todos la opresión. De allí provino
> el concierto armonioso de un Estado, 440
> donde, por la mixtión de los poderes
> y el mismo choque de intereses mutuos,
> es libre el pueblo y el gobierno firme.
>
>   Tal es también del mundo la armonía

---

[13] Parece que el autor ha querido designar aquí los tiempos remotos en que nacieron la filosofía y la moral, y especialmente el bello siglo de Grecia, en donde posteriormente florecieron. Los bienhechores del género humano que tuvo presente al escribir, fueron sin duda Sócrates y Platón y Aristóteles, que de todos los paganos fueron los que sintieron y hablaron más dignamente de Dios, y los que mejor escribieron sobre la legislación y ciencia del Gobierno.

que nace de la unión y del concierto 445
general de las cosas: donde todos,
grandes, pequeños, débiles y fuertes,
se unen para ayudarse y defenderse,
y no para ofenderse ni dañarse;
donde es más poderoso quien más sirve, 450
y más feliz quien hace más felices;
y donde a un fin, a un centro tienden todos,
ángeles, hombres, brutos, siervos, reyes.

 Que sobre formas de gobierno alterquen
los necios cuanto quieran. El gobierno 455
mejor, es el mejor administrado.

 Sobre modos de fe, que el falso celo
dispute, y se enfurezca disputando.[14]
Quien no hace mal, quien hace bien al hombre
la religión profesa verdadera.[15] 460
Sobre esperanza y fe todos discuerdan,

---

14 No debemos creer por estos versos que para el autor eran indiferentes todas las religiones y todos los gobiernos. Sobre lo primero él hizo su profesión de fe en la correspondencia, que citamos anteriormente, con Racine, autor de los hermosos poemas de la Religión y de la Gracia. Y sobre el segundo punto, es claro que Pope anuncia una verdad, desgraciadamente confirmada por la experiencia; esto es: que bajo la mejor forma de gobierno, los pueblos no pueden ser felices cuando el gobierno no es administrado con integridad; y que la mejor forma de gobierno es peligrosa cuando la administración es débil, orgullosa, intolerante y corrompida.

15 Variante:
Quien ama a Dios y al hombre y se modera
la religión profesa verdadera.

mas sobre caridad nadie contiende,
que ella es el lazo, el fin, alma y corona
de la creación, el bien del universo.
Contrariar este fin, romper este orden,   465
ese es error y orgullo; y cuanto influya
a mejorar y hacer feliz al hombre,
eso solo es verdad, y de Dios viene.

   Vivir no puede el hombre sin apoyo,
cual generosa vid, que mayor fuerza   470
del amor con que abraza a otro recibe.

   Sobre sus ejes los planetas ruedan,
a un mismo tiempo en torno al sol girando;
así el hombre también a dos impulsos
diversos, no discordes, obedece;   475
por el uno, en sí mismo se concentra,
y por el otro sirve al universo.
Así concatenó todas las partes
de su obra Dios, y quiso que uno mismo
fuese el amor social y el amor propio.   480

Guayaquil, 1840.

A su esposa

Señora doña Rosa Icaza

    Ya se acerca, amor mío,
¡ay!, palomita mía,
ya se acerca ¡ay!, el día
que nos va a dividir.
    Sólo tristes memorias
y recuerdos fatales...
de amor todos los males
me quedan que sufrir.

    Como tórtola viuda
que triste a cada hora
gime, suspira y llora
por su perdido amor,
    así yo inconsolable,
ausente de mi amada,
tendré siempre clavada
la espada del dolor.

    Mi corazón de pena
dentro del pecho muere...
mas la Patria lo quiere,
y es fuerza obedecer...
    Pide a Dios, vida mía,
con ruegos incesantes
que me traiga cuanto antes
al nido del placer.

    Con mil dulces razones
el amor me detiene...

y el deber me previene
lo que es forzoso hacer.
    ¿Qué haré, pues, amor mío,
siendo en este momento
igualmente violento
mi amor y mi deber?

    Pues bien, cumplir con ambos,
es duro y buen consejo,
y aunque de ti me alejo,
contigo quedaré;
    así con ambos cumplo,
dando en serena calma,
al amor toda mi alma,
y el cuerpo a mi deber.

    Yo parto, ¡oh, qué tormento!,
¡oh, qué terrible ausencia!,
dame, oh Dios, resistencia
para tan gran dolor.
    Yo parto, y conjurados
veré a cada momento
contra mí al mar, al viento,
la ausencia y el amor.

    Y tú, hechizo de mi alma,
mi único amor, mi vida,
después de mi partida,
¿te acordarás de mí?
    Yo, de noche y de día
siempre estaré penando,
Rosita, en ti pensando,
pensado sólo en ti.

Cual sombra inseparable
mi amante pensamiento
siempre, a todo momento,
estará junto a ti.   60
   Así, pues, siempre, siempre,
aunque me creas distante,
podrás decir: mi amante
delante está de mí.

   Recogeré el aliento   65
que tu boca respira...
Mi cuerpo se retira,
pero mi alma jamás.
   Sabré tus pensamientos,
y oiré tus palabras;   70
cuando tus labios abras,
los míos encontrarás.

   No temas, amor mío,
mi palomita amada,
que haya en el mundo nada   75
que me haga vacilar,
   pues vivir en tu pecho,
que es mi único deseo,
vale más que un empleo,
vale más que reinar.   80

   Yo veré mil bellezas,
mas con ojo tan frío,
que nunca al pecho mío
llegará su impresión;
   porque tus ojos solos   85

con un arte divino
conocen el camino
que va a mi corazón.

   No tendré allá, aunque quiera,
ningún afecto nuevo,   90
pues conmigo no llevo
ni alma, ni corazón:
   que el corazón y el alma
que antes tenía conmigo,
se quedan ya contigo,   95
como en dulce prisión.

   Sin ti ¿qué haré, mi vida?
Siempre ¡ay!, como demente,
cual si fueras presente,
clamaré con fervor: 100

   «Ven, palomita mía,
ven al caliente nido,
que aquí en mi pecho herido
te ha formado el amor.

   Ven, mi única esperanza,   105
mi único pensamiento,
ven, mi único contento,
ven, mi única pasión.»
   Y al ver que no me oyes
ni que estás a mi lado,   110
seré más desgraciado
por mi dulce ilusión.

   Otras veces teniendo

tu retrato delante,
cual frenético amante, 115
mil cariños le haré;
   creeré que con mi fuego
tus labios animados
me vuelven duplicados
los besos que te dé. 120

   Otras veces más necio,
como el que algo ha perdido,
a todos distraído,
por ti preguntaré:
   «¿Dónde está mi paloma, 125
causa de mis placeres?
Si no la conocieres,
las señas te daré.

   Es... lo que yo no puedo,
ni nadie explicar puede... 130
la que a todos excede,
es la rosa de abril;
   es la rosa que espera
en su botón gracioso
un calor amoroso 135
para empezarse a abrir.»

   Mas, ¿cuál es mi delirio?
¡Ay de mí!, en mi tardanza
ni el bien de la esperanza
me podrá consolar... 140
   Cree, mi alma, que es un pecho
muy tierno y amoroso
donde el amor hermoso

te ha erigido un altar.

    Piensa que por ti vivo, 145
piensa que sin ti muero,
que eres mi amor primero
y mi último serás.
    Adiós... ¡ay!, no te olvides
que eres objeto eterno 150
de este amor dulce y tierno,
de este amor inmortal.

    Piensa que de ti ausente
no es vida la que vivo,
y que siempre recibo 155
aumento en mi dolor.
    Piensa que esta gran pena,
piensa que este tormento
aun me quita el aliento
para decirte... adiós. 160

Agosto de 1825.

Al general Flores

vencedor de Miñarica

 Cual águila inexperta, que impelida
del regio instinto de su estirpe clara,
emprende el precoz vuelo
en atrevido ensayo,
y elevándose ufana, envanecida,   5
sobre las nubes que atormenta el rayo,
no en el peligro de su ardor repara,
y a su ambicioso anhelo
estrecha viene la mitad del cielo;
 mas de improviso, deslumbrada, ciega, 10
sin saber dónde va, pierde el aliento
y a la merced del viento
ya su destino y su salud entrega,
o por su solo peso descendiendo
se encuentra por acaso   15
en medio de su selva conocida,
y allí la luz huyendo, se guarece,
y de fatiga y de pavor vencida,
renunciando al imperio, desfallece:
 así mi Musa un día   20
sintió la tierra huir bajo su planta,
y osó escalar los cielos, no teniendo
más genio que amor patrio y osadía:
en la región etérea se declara
grande sacerdotisa de los Incas;   25
abre el templo del Sol, flores y ofrendas
esparce sobre el ara,
ciñe la estola espléndida y la tiara;
inquieta, atormentada

de un dios que dentro el pecho no le cabe, 30
profiere en alta voz lo que no sabe,
por ciega inspiración; tiemblan los reyes
escuchando el oráculo tremendo;
revelaciones, leyes
dicta al pueblo, describe las batallas, 35
de la patria predice la victoria
y la aplaude en seráficos cantares;
de los Incas deifica la memoria,
y a sus manes sagrados
si tumba les faltó, levanta altares;[16] 40
    mas cuando ya su triunfo absorta canta,
atrás la vista torna,
mide el abismo que salvó, y se espanta,
tiembla, deja caer el refulgente
sacro diadema que sus sienes orna, 45
y flaco el pecho, el ánimo doliente,
cual si volviera de un delirio, siente,
y de la santa agitación rendida,
queda en lento deliquio adormecida...

    En vano el bronce fratricida truena 50
y de las armas rompe el estallido,
y al recrujir el carro de la guerra,
se siente en torno retemblar la tierra;[17]
    y el atroz silbo de rabiosas sierpes
que la Discordia enreda a su melena 55
en sed mortal los pechos enfurece,

16 Alusión al vaticinio del Inca, a la victoria de Ayacucho y al himno de las Vírgenes del Sol en el Canto de Junín.
17 Alusión a la guerra de 1829 entre dos repúblicas hermanas y vecinas, terminada felizmente por el valor y genio del general Flores.

y de la antigua silla de los Incas
hasta do bate el mar los altos muros
de la noble heredera de Cartago,
todo es horror y confusión y estrago;[18]   60

en vano ¡oh Dios!, del medio
de las olas civiles, con sorpresa,

joven, graciosa, de esperanzas llena
una nueva República aparece;
cual la diosa de amor y de belleza   65
coronada de rosas y azahares,
con que el ambiente plácido perfuma,
surgió sobre la hirviente y alba espuma
del mar nacida a serenar los mares;[19]
y en vano sobre el margen populoso   70
del rico Tames y bullente Rima,
en verso numeroso
canoras voces se alzan despertando
la Musa de Junín...[20] que el sacro fuego
de inspiración cesó, lánguido expira,   75
y el canto silencioso
duerme sobre las cuerdas de su lira.

Mas nunca el genio muere, y con su aliento

[18] Alusión a la guerra civil que se difundió desde el Perú hasta los extremos de Colombia, de donde provino la disolución de la República.
[19] Alusión al nuevo Estado del Ecuador, fundado por el general Flores.
[20] Alusión a las bellas composiciones poéticas de los señores Bello, Mora y Pardo, hechas en Londres y Lima, culpando el silencio de mi Musa, cuando tantos y tan grandes asuntos se han ofrecido a la poesía en estos últimos años.

la tierra, el firmamento,
el mármol y cadáveres anima. 80

¡Ya está dentro de mí!- Veloces vientos,
anunciad a las gentes
un nuevo canto de victoria. Dadme
laurel y palmas y alas esplendentes,
volvedme el estro santo, 85
que ya en el seno siento hervir el canto.

¿Adónde huyendo del paterno techo
corre la juventud precipitada?
En sus ojos furor, rabia en su pecho,
y en su mano blandiendo ensangrentada 90
un tizón infernal; cual civil Parca
ciega discurre, tala, y sus horrendas
huellas en sangre y en cenizas marca.

Leyes y patria y libertad proclaman...
y oro, sangre, poder... ¡ésas sus leyes, 95
ésa es la libertad, de que se llaman
ínclitos vengadores!...

Y en los enormes montes interpuestos
y en el soberbio inexpugnable alcázar,
que de lejos ostenta 100
la Reina del Pacífico opulenta,[21]
la insolente esperanza

---

[21] Los facciosos de la Sierra se situaron en las terribles posiciones que ofrece la cordillera de los Andes; y los de Guayaquil, después de expelidos de la ciudad, se refugiaron en la fragata Colombia, en donde no era posible atacarlos.

ponen de triunfo cierto y de venganza.
Corren al triunfo cierto... y un abismo
se abrió bajo sus pies... que los horrores 105
de tanta sedición, los alaridos
que entre las ruinas salen, los clamores
de tantos pueblos íntegros y fieles,
el Rayo concitaron que dormía
allá en el seno de su nube umbría. 110

    Ése es el adalid a quien dio el cielo
valor, consejo, previsión y audacia:
al arduo empeño, a la mayor desgracia
le sobra el corazón; todo le cede:
sirve a su voz la suerte, ante su genio 115
el peligro espantado retrocede.[22]

    ¡Flores!, los pueblos claman, y los montes
que la escena magnífica decoran.
¡Flores!, repiten sin cesar. Los ecos
ávidos unos a otros se devoran 120
y en inquietud perpetua se suceden
como olas de la mar; sordos aterran
la turba pertinaz, que espavorida
huye, y no sabe dónde -que doquiera
los ecos la persiguen, y doquiera 125
el espectro del héroe la intimida.

---

[22] Entre los admirables hechos de esta campaña debe ocupar el primer lugar el portentoso paso del Salado. Los que han visto con sus ojos el terreno se admiran más de una empresa, que habría sido calificada de temeraria si no hubiese sido coronada por el suceso. La descripción exacta de esta hazaña la haría pasar por inverosímil o fabulosa.

Así cuando una nube repentina
enluta el cielo, cuando el sol declina,
se afanan los pastores recogiendo
el rebaño que pace descuidado;　　　　　　　130
mas de improviso estalla un trueno horrendo,
el tímido ganado
se aturde, se dispersa, desoyendo
del fiel mastín inútiles clamores,
se pierde en precipicios espantosos　　　　　135
que más lo apartan del redil querido,
y entre tantos horrores
vagan, tiemblan, caen confundidos
ganados y mastines y pastores.[23]

　　Oyó la voz doliente de la Patria　　　　　140
su siempre fiel guerrero,
y desnudando el invencible acero,
se avanza; y los valientes capitanes
en cien lides gloriosos lo rodean,[24]
y dar paz a la patria o morir firmes　　　　　145
sobre la cruz de sus espadas juran...

　　Él habla, y a su acento

---

[23] Aquí debe insertarse el horroroso cuadro que ofreció en el mismo tiempo la ciudad de Guayaquil, afligida por todas las plagas juntas de la guerra, del hambre y de la peste más desoladora de que hay memoria en este país. La precipitación con que, por las circunstancias, se publica esta composición, no ha permitido dar la última pincelada a este cuadro espantoso, que se insertará en otra edición.

[24] Es muy sensible no poder hacer mención particular en este canto de los valientes generales y jefes, oficiales y cuerpos que se han distinguido en esa campaña memorable. Cada uno merecía un canto separado.

todo en torno es acción y movimiento:
armas, tormentos bélicos, y cuanto
elemento de guerra y de victoria 150
da el suelo, forma el arte, el genio crea,
se apresta, o aparece por encanto;
gime el yunque, la fragua centellea,
brota naves el mar, tropas la tierra...
Aquí y allí la juventud se adiestra 155
a la terrible y desigual palestra...
Y el caballo impaciente
de freno y de reposo,
se indigna, escarba el suelo polvoroso;
impávido, insolente 160
demanda la señal, bufa, amenaza,
tiemblan sus miembros, su ojo reverbera,
enarca la cerviz, la alza arrogante
de prominente oreja coronada,
y, al viento derramada 165
la crin luciente de su cuello enhiesto,
ufano da en fantástica carrera
mil y mil pasos sin salir del puesto.

    Mayor afán, agitación, tumulto
reina en el bando opuesto: 170
armas les da el furor; la ambición ciega

constancia, obstinación. ¡Cuán impotente
dio voces la razón!... Y en vano el cielo
los aterra con signos portentosos:
nocturnas sombras vagan por el suelo 175
exhalando alaridos lastimosos;
rayos sanguíneos las tinieblas aran
en pálido fulgor, y por la noche

    sones terribles de uno al otro extremo
de la espantosa bóveda se oyeron;   180
se hiende el monte, el huracán estalla,
y es todo el aire un campo de batalla;[25]
    y en medio de la pompa más solemne
las imágenes santas derribadas,
-¡qué horror!- del alto pedestal cayeron   185
del incienso sacrílego indignadas.[26]

    ¿Veis allá lejos ominosa nube

[25] Alusión a los terribles ruidos que alternadamente, como grandes tiros de cañón, se oyeron por la noche en el mes de enero en los próximos días de la batalla.

[26] Alusión a la notable circunstancia de haberse caído la santa imagen del Quinche en la solemne procesión que hizo el Gobierno revolucionario de Quito para obtener el triunfo.

En un manuscrito del archivo de la familia Pino Icaza se encuentran unos renglones de puño y letra de Olmedo que parecen un primer atisbo de las ideas del gran exordio de esta Oda:

Osé inexperto
probé una vez el vuelo
remontar hasta el cielo.
Y fuese que impelido del viento
o por el enajenamiento de la embriaguez
que causa el júbilo de ver la patria libre
subí tan alto que no conocí la región en que me hallaba.
Vuelvo la vista atrás y me horrorizo
del espacio corrido, y del espanto
caí otra vez al suelo de do había subido
o fuese que el genio de la patria
o el de la libertad me arrebatase adonde no sabía...

ondeando en polvo de revuelta arena,
que densa se derrama y lenta sube?...
allí está Miñarica. La Discordia 190
allí sus haces crédulas ordena:
las convoca, las cuenta, las inflama...
las inflama... después las desenfrena.

   Flores vuela al encuentro, y cuando alzada
sobre la hostil cerviz resplandecía 195
su espada, reconoce sus hermanos;
lejos de sí la arroja, y les ofrece
el seno abierto y las inermes manos.

   Mas fiera la facción, se enorgullece;
razón, ruego, amistad y paz desdeña; 200
triunfa al verse rogada,
y en ilusión y en arrogancia crece;
que rara vez clemencia generosa
el monstruo del furor civil domeña,
y aun más los viles pechos escandece. 205

   Tornó el héroe a relumbrar la espada,
y ésta fue la señal. Los combatientes
con firme paso y exultantes frentes
se acometen, se mezclan... De una parte
el número y el ímpetu... de la otra 210
arte, valor, serenidad; doquiera
furor y sangre... y a las armas sangre,
aun más infame que el orín, empaña;
y los pendones patrios encontrados
rotos y en sangre flotan empapados; 215
cristados yelmos, miembros palpitantes
erizan la campaña...

y los troncos humanos
se revuelcan, amagan,
e impotentes de herir, siquiera insultan, 220
mientras los restos de vital aliento
entre sus labios macilentos vagan.

   Los antiguos amigos, los hermanos
se encuentran, se conocen... y se abrazan...
con el abrazo de furente saña. 225

   Ni tregua, ni piedad... ¿Quién me retira
de esta escena de horror? - ¡Rompe tu lira,
doliente Musa mía, y antes deja
por siempre sepultada en noche obscura
tanta guerra civil! ¡Oh!, tú no seas 230
quien a la edad futura
quiera en durable verso revelarla:
que si mengua o escándalo resulta,
honra más la verdad quien más la oculta...

   Como rayo entre nube tormentosa 235
serpea fulminando, y veloz huye,
vuelve a brillar, la tempestad disipa
y su esplendor al cielo restituye;
así la espada del invicto Flores
por entre los espesos escuadrones 240
va sin ley cierta, brilla... y desparecen.

A los unos aterra su presencia,
otros piedad clamando, se rindieron,
y a los que fuertes para huir, huyeron
los alcanzó en su fuga la clemencia. 245

¡Salud, oh claro Vencedor!, ¡oh firme
brazo, columna y gloria de la patria!
Por ti la asolación, por ti el estruendo
bélico cesa, y la inspirada Musa
despertó dando arrebatado canto;   250
por ti la Patria el merecido llanto
templa al mirar el hecatombe horrendo
que es precio de la paz; por ti recobran
su paz los pueblos y su prez las artes,
la alma Temis su santo ministerio,   255
su antiguo honor los patrios estandartes,
la ley su cetro, libertad su imperio,
y las sombras de Guachi desoladas
de su afrenta y dolor quedan vengadas.

　　　Rey de los Andes, la ardua frente inclina,   260
que pasa el Vencedor; a nuestras playas
dirige el paso victorioso, en tanto
que el himno sacro la amistad entona,
y fausta la Victoria le destina
triunfales pompas en su caro Guayas   265
y en este canto espléndida corona.

Guayaquil, 1835.

Un sueño

canción

    Visitome el amor esta noche
con un dulce, gratísimo sueño:
yo soñé que a mi angélico dueño
de este modo empezábale a hablar:
-Saber puedes las veces que te amo   5
si las luces contares del cielo,
y las hojas que cubren el suelo,
y las olas que baten la mar...-

Ella me oye, y gustosa y afable
corre a mí con el seno entreabierto...   10
Mas ¡ay triste!, que al punto despierto,
y era sombra lo que iba a abrazar.
Loco, ciego, impaciente, furioso,
salto luego del lecho gritando:
-¡Duro amor!, ¡duro amor!, ¿hasta cuándo,   15
hasta cuándo me quieres burlar?

1835.

Oración de la infancia

Señor, tu nombre santo
celebra la voz mía
en armonioso canto,
cuando brilla la luz del nuevo día.

Tú mandaste a tu sol que disipara 5
las sombras de la noche, y obediente
por la inflamada esfera
emprende su magnífica carrera.

Vida, belleza, acción, todos los seres
recobran ya; la tierra se engalana 10
de flores, y presenta
una nueva creación cada mañana.

Señor, tu nombre santo
celebra la voz mía
en armonioso canto, 15
cuando brilla la luz del nuevo día.

El sol llena los cielos,
y del trono gobierna
los astros que su marcha
siguen cumpliendo con su ley eterna. 20

Así también, oh Dios, pues el Sol eres
verdadero del mundo, ocupa, enciende
todos los corazones,
y dirige a tu ley nuestras acciones.

Si te es grata la voz de la inocencia, 25

escúchanos, Señor, bajo tus alas
pon a los que te adoran
y tu luz, tu piedad, tu gracia imploran.

Señor, tu nombre santo
celebra la voz mía   30
en armonioso canto,
cuando brilla la luz del nuevo día.

Himno para la noche

por un joven ausente por su culpa de la casa paterna

Admite, oh Dios, oh Padre,
los votos y las gracias
que mi labio te ofrece
cuando el sol, que es tu imagen, se obscurece.

¡Oh, cuántos beneficios 5
tu diestra ha derramado
mientras tu hermoso día
por el alto cenit resplandecía!

Con tu luz, recibieron
tus mares y tus cielos 10
y tu tierra florida
y todo tu universo, acción y vida.

Entre tanto tu noche
creciendo va, y al mundo
le roba con presteza 15
su grata animación y su belleza.

Mas justo es que otros pueblos,
pues todos son tus hijos,
gocen de iguales bienes
que a sus hermanos por acá previenes. 20

Haz, pues, tengan reposo
los miembros fatigados,

y a nuestra fantasía

sueños tranquilos solamente envía.

 Y pueda, yo, siquiera
  ser feliz entre sueños,
  viendo, en imagen clara,
mi dulce patria y mi familia cara.

 Abrace a mis hermanos
  y a mi padre... Y mi madre
  mil caricias me diga,
me perdone mi culpa y me bendiga.

 Que yo, reconocido,
  te cantaré, a la aurora,
  cuando muera en oriente
su luz vital y su rosada frente.

 Y mezclaré mis voces
  al trinar de tus aves,
  que saludan al día
con deliciosa y plácida armonía.

Himno al nueve de octubre

Coro
Ven, oh plácida aurora
del octubre glorioso,
ven, dulce precursora
de luz y libertad,
ven, anunciando al Ecuador dichoso, 5
triunfo en la guerra y en la paz reposo.

Por ser libre, valor y constancia
en los campos de Marte mostró;
por guardar ese bien tan preciado
muestre siempre constancia y valor. 10
Y cual brillan los signos celestes
en la esfera con vivo esplendor,
brillará más hermosa en la tierra
la menor de las hijas del Sol.

    Ven, oh plácida aurora... 15
Cara patria, ya alzaste la frente;
sacudiendo tu yugo opresor,
recobraste tus santos derechos,
cara patria, más cara que el sol.
Honor, vida, poder ya son nuestros, 20
nuestro el cielo que puro miramos,
nuestro el suelo que hermoso pisamos,
y sin leyes de ajeno señor.

    Ven, oh plácida aurora...

Alma paz, con nosotros habita 25
salva, siempre a tu caro Ecuador.

Y a este suelo Pacífico llamen
con el nombre que a su mar se dio.
En su seno, con la paz, las artes
hallarán acogida y favor, 30
reflectando las ondas del Guayas
pabellones de todo color.

    Ven, oh plácida aurora...
Depongamos, oh pueblos, las armas,
ya cesó de la guerra el furor, 35
conquistemos las artes del mundo
que es conquista de insigne valor.
Que resuenen patrióticos himnos
en potente y armónica voz,
aclamando estos nombres queridos, 40
Leyes, Paz, Libertad, Ecuador.

Ven, oh plácida aurora,
del octubre glorioso,
ven, dulce precursora
de luz y libertad, 45
ven anunciando al Ecuador dichoso
triunfo en la guerra y en la paz reposo.

En la muerte de mi hermana

¿Y eres tú Dios? ¿A quién podré quejarme?,
inebriado en tu gloria y poderío,
¡ver el dolor que me devora impío
y la mirada de piedad negarme!

Manda alzar otra vez por consolarme   5
la grave losa del sepulcro frío,
y restituye, oh Dios, al seno mío
la hermana que has querido arrebatarme.

Yo no te la pedí. ¡Qué!, ¿es por ventura
crear para destruir, placer divino,   10
o es de tanta virtud indigno el suelo?,

¿o ya del todo absorto en tu luz pura
te es menos grato el incesante trino?
Dime, ¿faltaba este ángel a tu cielo?

A Eliza

¿No ves cuán pronto por la azul esfera
el vuelo de las horas se desliza?,
　¿no ves, amable Eliza,
marchitarse al nacer las tiernas flores
de la fugaz y alegre primavera?　　　　　　　5
　Pues ¡ay!, con más presteza
nacen, desaparecen los amores,
las gracias de la edad y la belleza.
　Feliz en todas partes
quien con el grato estudio de las artes　　　10
　mezclando las lecciones
de virtud y piedad, engaña, burla
del tiempo y de sus hijas estaciones
la ciega rapidez y la inconstancia.

Así cuando la bella primavera　　　　　　　15
pierde su gala y virginal sonrisa
　y se retira triste
　de tu jardín, Eliza,
huyendo del invierno los enojos
, al fuego de tu genio y de tus ojos　　　　20
con sus vivos colores y fragancia
bajo de tu pincel nace en tu estancia.

En tu estancia feliz que yo contemplo
　será con tu presencia
　el más hermoso templo　　　　　　　25
del gusto, la piedad y la inocencia,
a cuyo culto y plácidos misterios
　vestal sacerdotisa
con tu graciosa hermana será Eliza.

Canción

Divino encanto,
si acaso mi llanto
mueve tu atención,
cesa en el empeño
de herir con tu ceño
al que te hizo dueño
de su corazón.

Y si te ofendo,
ingrata, diciendo
mi dolencia atroz,
moriré fino,
pues ya me convino
el dulce destino
de morir por vos.

Nada dijera
si callar pudiera
tan grave dolor.
Mas nadie sabe
que siendo tan grave
en mí ya no cabe
todo su rigor.

¡Ay!, bella ingrata,
si tu rigor trata
de abatir mi amor,
mi pecho amante
morirá al instante
con una constante
desesperación.

Y si no dejas
que quepa en mis quejas 30
todo tu rigor,
ingrata bella,
con dura querella,
maldigo la estrella
que a ti me rindió. 35

A las tres gracias

(Para el álbum de la señorita Rosa Ortiz de Zevallos, insigne profesora de música, y de sus dos bellas primas)

   Rosa, que por modestia delicada,
en florecer te places rodeada
del lindo par de Margarita y Pola,
huyendo la vergüenza
de ser en gracia y hermosura sola;   5
quien pueda resistir el noble encanto,
Rosa, de tu mirar y de tu canto,
y en grata calma verte y escucharte,
ése voces tendrá para alabarte,
mas no el que, absorto, extático, suspira   10
en placer inefable, sin que pueda
decir qué siente, ni decir qué admira.

Si aun hoy, al escucharte, Rosa bella,
sagrada inspiración mi mente inflama,
y al brote de la eléctrica centella   15
torna a brillar la amortiguada llama,
¡qué fuera cuando en el hirviente pecho
latir sentía el corazón estrecho!
Yo te escuché una vez, y todo el día,
en ilusión dulcísima, creía   20
sentir y respirar, y vivir todo
en un plácido ambiente de armonía.

Y en el silencio de la noche, cuando
el mentido concierto me desvela,

un ángel desprendido   25

del cielo me deslumbra, y me revela
que la virgen Cecilia, que allá ordena
de serafines el ardiente coro,
absorta cuando te oye, y suspendida,
los celestiales números olvida,   30
de su alto ministerio se distrae,
y el arpa de oro de sus manos cae.
Y cuando de improviso
del místico deliquio se levanta,
nuevas cuerdas aumenta a su instrumento,   35
y del Cordero atento
en nuevas notas nuevos himnos canta.

Lima, 1846.

En el álbum de la señorita Grimanesa Althaus

Díceme un dios que dentro el pecho siento,
que al nacer se me dio fuego divino,
sólo porque cantara ¡oh Grimanesa!,
las gracias, la virtud y la belleza.
Yo cumplí, no sin gloria, mi destino,   5
cuando mi corazón y el alma mía
en vivo amor y juventud ardía.

Y en premio de haber sido
siempre fiel al dulce ministerio,
el Dios, a cuyo imperio   10
se rinden voluntarios,
la tierra, el cielo, el mar, ha concedido
su antiguo ardor, su inspiración divina,
a un genio que fallece oscurecido,
como el sol que a su ocaso se avecina.   15

Y he podido cantar como solía...
Tuyo es este portento, amiga mía.
¡Qué gloria para mí! Ver que este día
la más graciosa y bella no rehúsa
ser la corona de mi anciana musa.   20

Lima, 1846.

Al general Lamar

No fue tu gloria el combatir valiente,
ni el derrotar las huestes castellanas;
otros también con lanzas inhumanas
anegaron en sangre el continente.

Gloria fue tuya el levantar la frente   5
en el solio sin crimen, las peruanas
leyes santificar, y en las lejanas
playas morir proscrito e inocente.

Surjan del sucio polvo héroes de un día,
y tiemble el mundo a sus feroces hechos: 10
pasará al fin su horrenda nombradía.

A la tuya los siglos son estrechos,
Lamar, porque el poder que te dio el cielo
sólo sirvió a la tierra de consuelo.

1847.

www.ingramcontent.com/pod-product-compliance
Lightning Source LLC
Chambersburg PA
CBHW031813220426
43662CB00007B/621